# 和检察官面对面

HE JIANCHAGUAN MIANDUIMIAN

## 全国检察机关依法治国典型案例访谈录

陈复军 / 著

中国检察出版社

和 检 察 官 面 对 面

最高人民检察院反贪总局副厅级检察员曲璟接受作者采访

时任北京市人民检察院政治部主任张幸民接受作者采访

时任湖北省人民检察院常务副检察长、全国检察业务专家、博士生导师
徐汉明接受作者采访

采访之余，作者和湖北省院徐汉明副检察长、宣传处郭清君处长、咸宁市
院鲁尔英检察长、汉阳区院金鑫检察长合影

时任浙江省人民检察院副检察长刘建国接受作者采访

时任浙江省人大副主任刘奇接受作者采访

时任浙江省委常委、副省长葛慧君接受作者采访

拍摄组在北京铁路检察院拍摄

拍摄外景

# 目 录

# "四害"之害

## ——"中储粮"系统职务犯罪案件访谈录

总撰稿　陈复军

采　访　陈复军　潘　娜　高　锴

　　　　胡永超　李建成　顾　亦

## 【采访手记】

"农家少闲月，五月人倍忙"，正是初夏时节，中国检察出版社音像中心联合中储粮总公司纪检组，走进最高人民检察院反贪总局、河南省人民检察院反贪局、鹤壁市人民检察院反贪局、许昌市魏都区人民检察院反贪局、江苏省人民检察院、淮安市人民检察院、淮安市淮阴区人民检察院、湖南省人民检察院、益阳市人民检察院、益阳市赫山区人民检察院，采访摄制了警示教育专题片《"四害"之害——"中储粮"系统职务犯罪案件访谈录》。这里，让我们一起走进中储粮企业、走进办案检察官、走进检察业务专家，走进服刑人员所在的监狱，寻找惩治和预防国家粮食储备企业领导干部、公职人员职务犯罪的途径和方法，防微杜渐，警钟长鸣。

**【解说】**

古人常说"洪范八政，食为政首"，"家中有粮，心里不慌"。粮食，始终是关系国计民生的战略性、资源性、公共性的特殊物资。中国是个13亿多人口的大国，解决好吃饭问题始终是治国理政的头等大事。习近平总书记在2013年年底召开的中央农村工作会议上强调，中国人的饭碗任何时候都要牢牢端在自己手上。一个国家只有立足粮食基本自给，才能掌握粮食安全主动权，保持社会稳定，促进改革发展这个大局。

**【解说】**

中国储备粮管理总公司是经国务院批准组建的涉及国家安全和国民经济命脉的国有大型重要骨干企业，在全国设立了24家分公司、5家子公司，拥有近千家直属企业，肩负着国家特殊使命，承担着维护农民利益、维护粮食市场稳定、维护国家粮食安全的特殊重要任务。在系统全体干部员工的共同努力下，企业快速发展，较好地完成了确保中央储备粮数量真实、质量良好，确保国家急需时调得动、用得上的"两个确保"任务，为维护国家粮食安全、服务宏观调控、服务农民作出了贡献。中储粮总公司14年的发展历程证明，"三级架构、两级法人"的垂直体系是正确的，依靠企业市场化经营保证储备粮常储常新的轮换运作机制是成功的，中储粮作为宏观调控的主力军地位是不可替代的。

**【解说】**

当前，总公司正面临着改革、发展、管理的重大挑战和机遇，面临着提升、转型的艰巨任务。与此同时，各种政策风险、管理风险、廉洁风险不断增加，其中很重要的一点就是基础管理薄弱。近年来系统基层腐败案件存在多发势头，尤为突出的是搞"转圈粮"、擅自动用储备粮问题，压级压价抬级抬价打白条问题，违规拆借、使用粮食资金问题及乱设"小金库"问题等"四害"行为不断出现，致使一些干部职工因此走上了违法乱纪、甚至贪污受贿、挪用公款、渎职犯罪的道路，令人扼腕。凡此种种，对总公司系统加强管理、防控风险、提升水平都提出了新的挑战和更高的要求。

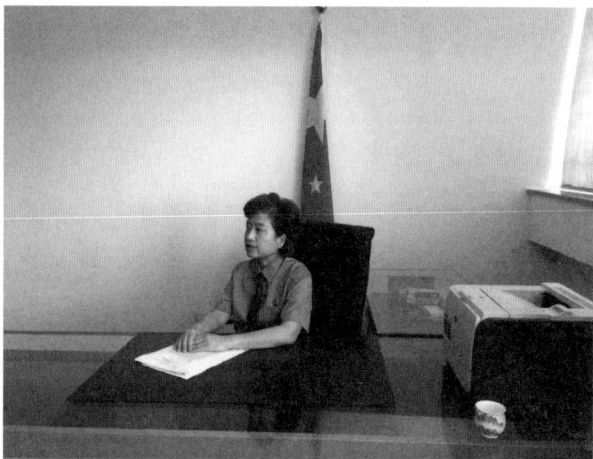

图片说明：最高人民检察院反贪总局
副厅级检察员曲璟接受采访

**【采访 最高人民检察院反贪总局副厅级检察员　曲　璟】**

2010 年至 2013 年，全国检察机关在河南、黑龙江、辽宁、江苏、陕西、安徽等 16 个粮食主产区的省份，立案查处一批中储粮系统贪污受贿犯罪案件。上述案件的主要特点：一是单位主要领导和财务人员犯罪问题突出；二是粮食收购、存储、流通等主要环节发案集中；三是贪污、受贿、挪用公款案件居多；四是涉案金额巨大、大案比例高；五是窝案串案多，手段隐蔽，群体腐败严重。这些案件性质恶劣，危害严重，危及了国家粮食安全，给我们敲响了警钟。

【解说】

在党中央、国务院各有关部门的指导下，中储粮总公司新一届领导班子对关系企业长远发展的一些重大问题进行了深入研究，提出了"加强管理、从严治企，建立健全集团公司对企业人、财、物集中管控体制"的管理思路。同时提出要深刻吸取河南分公司系列腐败案件和林甸直属库火灾的教训，举一反三，加大对触碰"两个确保"红线的违纪、违规、违法行为的处罚力度，特别是经营管理中出现的"四害"行为，必须严厉查处、绝不姑息，要"以猛药去疴、重典治乱的决心，以刮骨疗毒、壮士断腕的勇气"，坚决把中储粮系统党风廉政建设和反腐败工作进行到底，坚决遏制基层腐败案件多发频发的势头。

# 一、损害国家利益的"转圈粮"

【解说】

2011年10月以来，中储粮河南分公司相继发生原党组书记、总经理李长轩和党组成员、副总经理杨宏杰以及部分基层企业负责人等涉嫌职务犯罪的系列腐败案件，周口直属库原负责人乔建军携巨款潜逃。这一系列案件给中储粮总公司造成重大经济损失和严重负面影响，引起中央领导和有关部门高度关注。

图片说明：河南省鹤壁市人民检察院反贪局
副局长吴斌接受采访

**【采访 河南省鹤壁市人民检察院反贪局副局长　吴　斌】**

李长轩于 2002 年到 2011 年，任职中储粮河南分公司总经理、党组书记。2011 年 12 月 9 日，因贪污腐败问题，李长轩被中纪委"双规"，随后转由河南省鹤壁市检察院侦办。其后，中储粮驻马店直属库、商丘直属库、安阳直属库等负责人也被批捕。早在案件公开之前，中储粮河南分公司内部已查实多个直属库存在违规采购、滞留政策性粮食补贴金、利用"亏库"、"质价不符"、"转圈粮"等手段套取国家收储资金等问题。

**【解说】**

"转圈粮"是指承担储备、轮换、调控等政策性业务的粮食经营者先委托其关联企业或关联单位采购其往年收储的粮食，再加价回购，而在上述交易过程中粮食实际并未离开粮库，只是售出后"转了个圈"又回到粮库。"转圈粮"主要表现形式有两种：一种表现是承担托市收购任务的企业将本库或其他粮库销售的托市陈粮或轮出的中央储备陈粮作为新收购的托市粮入库；另一种表现是承担中央储备粮轮换任务的企业将本库或其他粮库销售的托市陈粮或轮出的中央储备陈粮轮入作为中央储备粮。由于"转圈粮"实际未离开粮库，个别直属库为了制造粮食转移的假象，骗取相应费用补贴，往往会编制虚假的出库、入库凭证，对库存粮食数量造成不实。

图片说明：河南省人民检察院反贪局侦查二处
处长柳涛接受采访

**【采访 河南省人民检察院反贪局侦查二处处长　柳　涛】**

李长轩被捕主要是受到登封市粮食收储公司负责人王国顺的案发牵涉。在侦破王国顺案件过程中，我们发现河南省登封粮食收储公司事先让雪佳面粉公司从粮食交易市场拍下小麦2.5万吨，该公司实际并未向企业交付小麦，而是伪造了虚假的出库单和发票，仅仅从账面上显示将该批次小麦交付给了面粉厂。后来又伪造当年的入库单和发票，从账面上显示，企业购买入库2.5万吨小麦。通过虚设的"一进一出"，该粮库骗取了国家拨付的粮食收购费、保管费、差价费等款项数百万元。此后，河南省检察机关，在中储粮系统查处了一批与"转圈粮"有关的案件。这类案件中涉及的"转圈粮"带来的收入，多被企业放进"小金库"，之后被贪污、挪用或私分，成为相关人员犯罪的根源。

图片说明：河南省人民检察院反贪局副局长常凤琳接受采访

**【采访 河南省人民检察院反贪局副局长　常凤琳】**

"转圈粮"问题在李长轩治理下的河南分公司表现尤其突出，经过检察机关历时一年多的查证，中储粮河南分公司机关、直属（管）库有21个单位、57人涉案。其中，分公司原正副职领导2人；直属（管）库原正副主任24人、中层干部

7

25 人、一般员工 6 人。涉案人员中，有 13 人已被判决，包括原党组书记、总经理李长轩被判无期徒刑。案件涉及单位 21 个，包括分公司机关、直属库（含购销公司）12 个、直管库（含分库）8 个。从我们掌握的情况看，河南分公司腐败案件危害十分严重：一是涉案金额巨大，经济损失严重。仅李长轩案受贿额就达到 1407.9 万元人民币和 4.5 万美元，另有 893.6 万元人民币的财产来源不明；乔建军案造成的国有资产损失高达 3.2 亿元。二是牵扯人员众多，在分公司波及面较大，影响极其恶劣。三是挫伤了河南中储粮干部员工的工作积极性，破坏了企业改革发展稳定的局面。特别是"转圈粮"问题比较突出，据河南省检察机关掌握的数据，河南辖区共查出"转圈粮"19.4 亿斤，涉及违规资金 1.7 亿元。

图片说明：河南省人民检察院反贪局办公室主任徐国富接受采访

**【采访 河南省人民检察院反贪局办公室主任　徐国富】**

"转圈粮"是总公司三令五申予以严禁的违规行为，从河南系列案件看，"转圈粮"也为很多干部违法犯罪埋下了祸根。弄虚作假、以陈顶新、以次充好、造成"转圈粮"违反中央"两个确保"、触碰政策红线的严重违规行为，总公司对此三令五申、严格禁止，但有些企业对总公司要求置若罔闻，顶风违规违纪。有的在中央储备粮轮换或托市粮拍卖过程中，通过第三方企业伪造虚假购销手续，空买空卖，该轮换不轮换，或以陈粮冲抵新粮，直接骗取国家补贴。这些情况，暴露出系统内有的企业或个人为追逐不正当利益，不执行国家政策的严重问题。

## 【解说】

河南分公司的教训是极其深刻的，李长轩本人和相关责任人付出的代价是惨痛的。当我们的摄制组来到李长轩服刑的平原监狱，见到这位曾经的中储粮河南分公司党组书记、总经理时，这位50多岁的服刑犯人，显得无比苍老，那种欲哭无泪、痛苦悲观、悔罪和无奈，让我们真切地感受到：守住清廉，人生才会有真正的自由和幸福！

图片说明：正在服刑的李长轩在平原监狱接受采访

**【采访 河南省鹤壁市人民检察院反贪局副局长　吴　斌】**

河南分公司案件暴露了河南分公司及部分直属企业在执行政策、业务经营、企业管理等方面存在的一系列问题、风险和乱象，政策性粮油质价不符、高额索要出库费用、刁难客户拍卖粮食以及出库难、缺斤短两、短库亏库、掺假用假等违反政策规定的行为频频出现，特别是"转圈粮"、擅自动用、压级压价抬级抬价、违规拆借资金及"小金库"等"四害"问题易发多发，导致各种矛盾和问题不断积累、叠加和发酵，最终法网恢恢、疏而不漏，违法乱纪者身陷囹圄、后悔莫及。

**【解说】**

2013年5月，国家审计署对中储粮2011年度财务收支进行了审计，查出中储粮所属湖南分公司等5家分公司部分直属库违反国家规定，通过出售给关联企业再回购的方式，把52.21万吨"转圈粮"转为中央储备粮，牟利1702.58万元；将政策性粮油贷款用于购买商品粮1.434亿元、滞留政策性粮油补贴资金29813.69万元。2013年9月，总公司依据《中国储备粮管理总公司员工违纪处分暂行办法（试行）》，对云南分公司大理直属库违规回购拍卖最低收购价小麦并将部分转为中央储备粮问题的7名责任人作出严肃处理。对于此类问题，总公司纪检监察机构还将保持高压态势，发现一起，坚决查处一起，绝不姑息。

**【采访手记】**

"转圈粮"所带来的危害是严重和深远的，其一，损害甚至危害国家粮食安全，把旧粮掺入新粮，导致粮食超出最佳保质期，严重影响中央储备粮和托市粮的库存品质，起不到推陈储新的作用，也导致国家粮食的大量浪费；其二，扰乱市场经济秩序，甚至影响粮食宏观调控政策执行效果；其三，个别企业违反政策形成"转圈粮"赚取新陈价差收入，赚取不当所得，严重损害了国家和企业利益，以致一些人最终走向违法犯罪的深渊。

# 二、"藏污纳垢"的"小金库"

**【解说】**

根据中央纪委印发的《设立"小金库"和使用"小金库"款项违纪行为适用于〈中国共产党纪律处分条例〉若干问题的解释》，所谓"小金库"是指违反法律法规及其他有关规定，应列入而未列入符合规定的单位账簿的各项资金（含有价证券）及其形成的资产。

**【解说】**

"小金库"是一种严重违反财经纪律的行为，也是助长各种不正之风、滋生腐败的"温床"。由于"小金库"管理和支配权往往掌握在领导手里，且普遍存在公款私存、随意进出、收支混乱无账等现象，这样不仅使一些人挥霍无度、无所顾忌，而且为少数人挪用、私分、侵占甚至贪污制造了"良机"、带来了"便利"。此外，"小金库"的存在还助长了不正之风的蔓延。"小金库"已成为一些单位领导游山玩水、乱奖滥发、隐瞒报账内容等非正常开支的重要渠道，对一些不正之风的滋生蔓延起着推波助澜的作用。

**【解说】**

近年来，中储粮总公司系统内各级企业认真执行国家财经纪律，健全财务管理制度，完善资产管理体系，建立健全企业内控机制，从源头上防堵各种类型"小金库"，取得了一定成效。但不可忽视的是，在往年的财务审计监督过程中也发现，系统内个别企业在总公司三令五申明令禁止的情况下仍然还存在"小金库"现象，在系统内外造成了不良影响。这些"小金库"的存在，致使企业内部财务资产管理混乱，影响了系统内企业的收入分配公平，扰乱了企业正常生产经营秩序。更为重要的是，私设"小金库"非法挤占国家财政资源，严重损害农民利益，不但给总公司造成极为不利的负面影响，从某种程度上来说，还动摇了中储粮总公司生存和发展的根基。

**【采访 最高人民检察院反贪总局副厅级检察员　曲　璟】**

从检察机关查办的中储粮系统贪污、挪用公款案件分析发现，这类犯罪多与单位私设"小金库"有关。涉案单位私设"小金库"现象普遍存在，而且账外资金来源广泛，数额巨大。比如，安阳市检察机关目前查明的5个发案粮食单位中，有4个存在"小金库"。

**【采访 最高人民检察院反贪总局副厅级检察员　曲　璟】**

通过办案和审计等方式我们发现，直属库"小金库"资金的来源主要有三个方面：一是收入、利润、补贴、保管费等不入账。二是虚列成本费用套取现金，包括购粮款、包装费、装卸费、加班费等。三是虚列物资采购和基建维修支出套取资金。此外，有的单位存在食堂资金不入账，形成"小金库"的情况。"小金库"资金的去向主要有：发放职工加班费及奖金、福利等；用于基建投资；用于吃喝招待费；用于对外协调关系；私分私吞等。

图片说明：许昌市魏都区人民检察院反贪局
副局长朱晓飞接受采访

**【采访 许昌市魏都区人民检察院反贪局副局长　朱晓飞】**

经过我们反贪局秘密侦查，很快我们发现许昌直属库在粮食购销、储运、运输各个环节管理混乱，各自为政，存在"小金库"和其他贪污腐败的现象。"德鑫"、"德兴"和"德润"三个有限公司都存在着收入不记账的违纪现象。

**【采访 许昌市魏都区人民检察院反贪局局长　宋许生】**

通过几个月的秘密初查，我们认为许昌直属库在财务管理上是混乱的，资金运作、流向、监管上是失控的，存在着很大的漏洞。由于，我们掌握了大量的信息，在下一步查办案件上也增强了信心。应该说，我们发现了许昌直属库负责人、财会人员，许昌直属库下属科室多名负责人秘密在各银行开设了户头，这也为我们揭开许昌直属库贪腐的盖子，深挖出"窝案"、"串案"打下了良好的基础。

图片说明：许昌市魏都区人民检察院反贪局
干警王少华接受采访

**【采访 许昌市魏都区人民检察院反贪局干警　王少华】**

德润公司副经理翟胜利、购销科副科长陈辉，在政策的感召下主动到魏都区人民检察院坦白交代了在任职期间贪污公款9万元，挪用公款100万元的犯罪事实，最终被认定投案自首得到了法律的重款处罚。购销科长孙晓广为了逃避法律的追究畏罪潜逃，我们及时对其发出了网上追逃通缉，最终被依法抓捕归案，受到了法律的严惩。

图片说明：许昌市魏都区人民检察院
反贪局局长宋许生接受采访

**【采访 许昌市魏都区人民检察院反贪局局长　宋许生】**

2010 年，河南分公司下属许昌直属库 12 名违法人员通过截留粮食购销货款、虚列工程成本和人工费用，形成"小金库"并集体私分和挪用。涉案资金 269.58 万元，其中贸易粮回笼货款等未入账 169.91 万元，虚列工程成本 30 万元，虚列人工成本 69.67 万元。2010 年，许昌直属库 12 人因贪污、挪用公款、受贿等罪名，被地方司法机关判刑。12 人中原直属库班子成员 1 人、中层科长 8 人、财务人员 3 人。

**【采访 许昌市魏都区人民检察院反贪局副局长　朱晓飞】**

许昌直属库原副主任姚宝山贪污公款 27 万元，被判处有期徒刑五年零六个月；

原财务科科长刘宝洲因贪污、受贿罪，被判处有期徒刑九年；

原财务科副科长牛成志挪用公款 20 万元，被判处有期徒刑两年、缓刑三年；

原财务科出纳员孙培红挪用公款 662 万元，被判处有期徒刑五年；

原购销科科长孙晓广贪污公款 9.5 万元、受贿 4.5 万元、挪用公款 10 万元，被判处有期徒刑七年；

原购销科科长徐晓勇贪污 37.5 万元，被判处有期徒刑七年；

原购销科副科长陈辉挪用公款 103.4 万元，被判处有期徒刑三年、缓刑五年；

原监管科副科长文卓锋贪污 27.5 万元，被判处有期徒刑 6 年；

原综合科科长吕文志贪污 27.3 万元，被判处有期徒刑 6 年；

原许繁路库财务负责人仲晓莉贪污 28.5 万元，被判处有期徒刑五年零六个月；

原物流中心经理张胜军贪污 16.7 万元，被判处有期徒刑五年零六个月；

原物流中心会计蒋戈娜贪污 16.3 万元，被判处有期徒刑五年。

中央和总公司三令五申禁止设立"小金库"，但一些直属库依然严重违反财务制度设立"小金库"，对规定置若罔闻。如云南分公司大理直属库原主任魏刚和黑龙江分公司抚远直属库主任赵长泳、前锋直属库主任刘宪军职务犯罪案件，他们都是案发于"小金库"问题。系统内发生的案件表明，"小金库"并非普通小事，而是属于违法犯罪的问题，是公司系统不能触碰的"高压线"。

**【采访手记】**

一起起案件发生了，一个个干部倒下去。没有监督的权力，如同洪水猛兽。在不完善的制度体制下，不想犯错误的人也许会随波逐流，锒铛入狱。如何从制度机制上让领导干部企业职工不犯错误或少犯错误，确保领导干部自觉做到廉洁从业，企业职工廉洁自律，这是一个十分重要的问题。可见，严格要求，早发现、早提醒、早纠正，事前防范、事中监督、事后挽救，就是对干部职工最大的关心与爱护，也是企业的职责所在。

# 三、压价抬价为哪桩？

**【解说】**

2012年年初，江苏省淮安市检察机关立案查办中储粮淮安市直属库原主任夏宝莹违法犯罪案件。

图片说明：江苏省淮安市淮阴区人民检察院
反贪污贿赂局副局长陈军接受采访

**【采访 江苏省淮安市淮阴区人民检察院反贪污贿赂局副局长 陈 军】**

2012 年年初，淮安市淮阴区人民检察院在讯问行贿人刘某（个体粮食经销商）时，刘举报中储粮淮安直属库财务科科长江顺航收受其所送财物。2012 年 4 月 16 日，江顺航因涉嫌受贿罪被检察机关立案侦查，通过讯问，江顺航除了交代收受刘某 1 万元购物卡，还交代了收受某粮油食品公司老板孙雨林 20 万元的犯罪事实，并向检察机关揭发直属库主任夏宝莹、副主任华祝田等班子成员与诸多粮油公司老板有不正当的经济往来。当江顺航、华祝田等人涉嫌受贿的犯罪事实被检察机关一一查实后，夏宝莹的受贿、滥用职权犯罪事实逐渐清晰，浮出水面。

**【解说】**

夏宝莹，男，1960 年 7 月生，江苏省新沂市人，1982 年毕业于南京粮食学校粮油储藏专业。农村家庭出身的他，从最初的新沂市粮食局储运科的一名普通化验员干起，通过近 30 年的勤奋努力，不仅成为一名高级经济师，还于 2005 年担任中储粮淮安直属库主任，2009 年 2 月升任中储粮江苏分公司收储公司董事长兼总经理。工作顺风顺水，职务不断升迁，使夏宝莹的胆子越来越大，从而发展到无视国家法律政策，逐步走向犯罪的深渊。

图片说明：江苏省淮安市淮阴区人民检察院反贪污
贿赂局侦查二科书记员王海涛接受采访

**【采访 淮安市淮阴区人民检察院反贪污贿赂局侦查二科王海涛】**

2008 年又是一个稻米丰收年。时任中储粮淮安直属库主任的夏宝莹凭借多年的经验，判断水稻行情将好，有升值空间。他便组织直属库的班子成员研究决定收购贸易粮稻谷，直属库与淮阴区、清浦区、洪泽县等收购点签订代购代储稻谷合同。代购价格随行就市，以每斤 0.95 元至每斤 0.985 元不等的协议价格与各代购点签订合同，大量收购稻谷。

然而，就在夏宝莹通过签订合同要求各代购点大量收购自主经营的贸易粮不久，2008 年 10 月 19 日，国家发改委、国家粮食局、财政部、中国农业发展银行联合发出《关于国家临时存储稻谷收购等有关问题的通知》，要求中储粮总公司在江苏、安徽、江西等省共收购临时储备粮 600 万吨，江苏的任务是 70 万吨。

**【采访 江苏省淮安市淮阴区人民检察院反贪污贿赂局副局长 陈 军】**

由于淮安直属库之前已经收购了大量的稻谷，此时见到下发的文件，一个偷梁换柱的计划在夏宝莹的心中悄然产生。他向江苏省分公司先后两次争取到 23 万吨的收购任务，然后，让各代购点以原价继续大量收购粮食，后淮安直属库将以市场价自主收购的贸易粮性质稻谷转为国家临时储备粮。

**【采访 江苏省淮安市淮阴区人民检察院反贪污贿赂局侦查二科 王海涛】**

为了表面符合执行国家临时储备粮收购政策，淮安直属库按江苏省制定的二等标准中晚籼稻每斤 0.995 元、粳稻每斤 1.045 元的价格将收购稻谷的货款拨付给各代购代储点，但实际结算则是按市场收购价每斤 0.95 元至每斤 0.985 元不等的协议价格与各代购代储点结算，多出的差价归淮安直属库所有。

**【采访 江苏省淮安市淮阴区人民检察院反贪污贿赂局副局长 陈 军】**

在直属库的领导班子会议上，有人提出这样做违反了国家的惠农政策，如果被上级发现，可能会被追究责任。但夏宝莹不以为然地说："就按原来的价格收，出了问题我负责。"他觉得这是单位盈利的绝佳机遇。

**【采访 江苏省淮安市淮阴区人民检察院反贪污贿赂局侦查二科 王海涛】**

为了应付清仓查库，淮安直属库又与各代购代储点按临时储备稻谷收购要求，重新补签了《2008 年国家临时存储稻谷委托收购合同》的假合同，并补开《江苏国家临时存储稻谷收购凭证》；为了掩人耳目，还按国家规定的临时储备粮价格拨付资金给各代购企业收购，按国家临时储备粮价格向上级，并将套取的利润让各代购企业以保证金的形式返还给直属库。

**【采访 江苏省淮安市淮阴区人民检察院反贪污贿赂局副局长　陈　军】**

各代购企业因为有很多业务需要夏宝莹领导的直属库帮助，特别是临时储备粮收购这一块，让他们赚取了不小的利润，所以对夏宝莹的要求言听计从。

**【采访 江苏省淮安市淮阴区人民检察院反贪污贿赂局侦查二科　王海涛】**

经检察机关调查统计，淮安直属库在此次临时储备粮收购过程中，共收购稻谷 22.35 万吨，其中，中晚籼稻 8.6 万吨，粳稻 13.76 万吨。采取低价购进高价入账的手段，套取差价 2300 万元。

图片说明：江苏省淮安市淮阴区人民检察院侦监科
副科长夏宝莹案公诉人陈兰花接受采访

**【采访 江苏省淮安市淮阴区人民检察院侦监科副科长本案公诉人　陈兰花】**

中储粮直属库在中央储备粮、临时储备粮和托市粮的粮食收购、仓储管理、轮换、调拨过程中，保管、轮换、收购、出库费用全部由国家拨付。而国家拨付资金权力的行使，主要由直属库主任和领导班子决定。因此，让哪个粮食企业来做这些多达成百上千万元利润的业务，就这几个人说了算，特别是作为"一把手"的夏宝莹，权力自然更大一些，淮安地区的粮油企业都把他们像"财神爷"一样供着。逢年过节、生日、孩子上大学等"礼尚往来"，成为各地粮油企业向夏宝莹等人"进贡"的最好时机。

"不受监督的权力必然产生腐败"，一些地方库主任权力过大、距离过远、独立性强。如何把库主任的权力关进制度的笼子里，如何坚持集体决策"三重一大"事项，如何实施库务公开、全程监督、程序透明、监管到位，都是摆在中储粮总公司面前的现实问题。

图片说明：江苏省淮安市淮阴区人民检察院
党组成员、副检察长李林接受采访

**【采访 江苏省淮安市淮阴区人民检察院党组成员、副检察长 李 林】**

江苏分公司下属淮安直属库在 2008 年至 2012 年执行临储收购政策过程中，以低价购进、高价入账的手段，套取稻谷差价 2300 万元。原主任夏宝莹利用职务上的便利，多次收受他人贿赂共计 32.2 万元，并为他人牟利，其行为已构成受贿罪；其违反国家临时存储粮收购规定，套用国家巨额资金，致使国家惠农政策不能落实到位，致使国家利益遭受特别重大损失，其行为已构成国有企业人员滥用职权罪。因其犯受贿罪和国有企业人员滥用职权罪，数罪并罚，一审被判处有期徒刑十二年；原副主任华祝田因收受个体粮商贿赂 33 万元，被判处有期徒刑十年零六个月；原财务科科长江顺航因收受个体粮商贿赂 21 万元，被判处有期徒刑十年；原业务科科长刘中因收受个体粮商贿赂 7 万元，被判处有期徒刑三年、缓刑五年；原淮安楚州直属库（整体接管库）财务科科长陆春，因收受个体粮商贿赂 3.25 万元，被判处有期徒刑两年、缓刑两年。

**【采访 江苏省淮安市淮阴区人民检察院侦监科副科长本案公诉人 陈兰花】**

抬级抬价是以高于国家规定的托市收购价格水平或放宽品质标准收购农民或经纪人交售的粮食作为托市粮或者采取对农民或经纪人价外补贴的方式收购托市粮。一些直属企业在执行政策方面存在严重偏差，为了多收粮多赚费用补贴，对不符合规定的低品质粮食抬级抬价收购，为补偿抬价损失，到粮食销售时，又高额索要出库费用、刁难客户拍卖粮食，造成"出库难"现象，并且频发缺斤短两、短库亏库、掺假使假等违法乱纪行为，在系统内外造成很坏影响。

**【采访 江苏省淮安市淮阴区人民检察院党组成员、副检察长 李 林】**

抬级抬价收购行为的危害是显而易见的，承担托市收购任务的企业为了多收粮，多赚取国家补贴收入，用抬高粮食实际收购等级、按虚高等级价格进行收购，使国家托市粮库存增大，财政为此付出更多的开支。此外，容易形成"出库难"。一些直属企业为收回抬级抬价而额外支付的差价，对国家安排的销售计划执行不积极，在托市粮销售成交后不愿出库或向买方收取额外费用。此类行为损害了国家和消费者利益，企业赚取不当所得。抬级抬价行为还容易成为利益输送的手段，也导致一些人走上违法犯罪的不归路。

**【解说】**

2013年6月28日晚，中央电视台《东方时空》栏目播报江苏省盐城市最低收购价小麦收购中"打白条"的问题后，国家粮食局和总公司共同派人到盐城了解情况，研究整改建湖县冈西粮油经营管理所在当年6月15日、6月17日、6月22日三张收购凭证未及时付款等问题。经核查，该企业当日确实未能全部及时结算，出现"打白条"现象。调查发现该所不仅是这三张凭证未及时付款，截至当年6月28日，实际未及时支付农民粮款达71万元。《东方时空》播出后的6月29日，该所全部与农民结清了售粮款。

**【解说】**

江苏盐城直属库、建湖分库在最低收购价小麦收购工作存在的问题，给公司系统造成恶劣影响。依据相关规定，江苏分公司给予盐城直属库主任陈福海免职处理；给予盐城直属库副主任、建湖分库主任唐留顺免职处理。

**【采访手记】**

压级压价，压的就是老百姓的利益；抬级抬价，抬的就是自己的私利。给农民"打白条"就是伤农、害农、坑农，在中央"三农"政策广泛深入贯彻落实之际，一些人按照老思维，循着老办法，仍然习惯于打"擦边球、闯红灯"，继续做着与时代大潮背道而驰的违法乱纪的事情，到头来只能是搬起石头砸自己的脚，害人害己害家庭。到了法庭才后悔，进了监狱才醒悟，悔之晚矣！

# 四、"赊销预付"、"拆借资金"背后隐藏着什么？

**【解说】**

近年来，中储粮总公司系统连续暴露出一些重大风险案件，这些暴露出来的风险案件，案值动辄上千万，甚至超出所在企业可承受的范围。比如，有的企业无任何保证措施向民营企业、个体户做大额预付或赊销，难以回收；有的内外勾结侵吞国有资产或以权谋私；有的放弃管理，任由合作伙伴以中储粮企业名义签署商业合约；有的违反规定，私自从事期货投机；有的监管制度措施流于形式，国有资产被人任意操纵处置。这些案件严重破坏了公司既定的财务制度，致使内控失效，资金脱离监管，容易产生舞弊和滋生腐败，诱发卷款潜逃、挪用资金、私设"小金库"等一系列问题，不仅给总公司带来巨大风险和财产损失，而且严重损害了中储粮总公司的形象。

**【解说】**

湖南分公司桃江直属库原主任王志波，2010 年至 2011 年期间，利用职务之便，在民营企业高额利息利诱下，虚构粮油购销业务事实，将公款以预付收购款或货款名义转至业务往来客户的账户，再安排业务往来客户将收到的公款转至其个人或指定的账户，多次收取桃江直属库往来款不上缴、不入账，供给其个人或借给他人使用，金额共计 2051 万元。王志波被湖南省益阳市中级人民法院以挪用公款罪，判处有期徒刑十五年。

**【解说】**

2012 年 8 月 30 日，王志波挪用公款案在湖南省益阳市中级人民法院开庭。检察机关指控：2009 年 8 月至 2011 年 6 月初，王志波利用职务之便，在王顺军、胡学勤、李东南（均另案处理）高额利息利诱及胡学勤、李东南两人胁迫下，多次虚构购销合同业务的事实，将桃江直属库公款以预付收购粮油款或货款的名义转账至业务往来客户账户内，以及多次收取桃江直属库往来款不上缴，不入账，供其个人或借给他人使用，挪用公款共计 2051 万元，除侦查机关追缴回 25 万元外，余款至今未归还。

图片说明：湖南省益阳市赫山区人民检察院
反贪局副局长李润然接受采访

**【采访 湖南省益阳市赫山区人民检察院反贪局副局长 李润然】**

2009 年春节后，1963 年出生的王志波调入中央储备粮桃江直属库任主任兼党委书记，正处级。这也是王志波被广东商人胡学勤高额利息的诱惑下犯罪的开始。在高额利息的诱惑下，王志波在两年内，挪用公款达 2000 余万元。而使他不知道的是，向他借钱的胡学勤，早在广东当地被法院以"老赖"身份曝光，还因欠款纠纷多次被起诉。

图片说明：湖南省益阳市赫山区人民检察院
预防科干警陈立明接受采访

**【采访 湖南省益阳市赫山区人民检察院预防科干警陈立明】**

2012年8月30日，此案在益阳市中级人民法院一审开庭。上午9时，49岁的王志波戴着手铐，穿着黄色马褂，被法警押上被告席。

**【采访 湖南省益阳市赫山区人民检察院反贪局副局长李润然】**

王志波自己认为，他人生的转折点缘于为妹妹王顺军还债。王顺军家里欠了高利贷，她得知广东商人胡学勤高息融资的消息，便多次找王志波借款以赚取高利息还债。2009年8月，王志波向朋友借款50万元，王顺军转手将钱借给胡学勤，约定利息为100%。但到还款期限，胡学勤却没钱还，王志波便打起了公款的主意，并由此认识了胡学勤和李东南，此后便陷入胡、李二人精心设计的圈套，不断借钱给他们所谓的"投资汽车项目"。

**【采访 湖南省益阳市赫山区人民检察院预防科干警陈立明】**

胡学勤是广东惠州市人，广东国鑫汽车有限公司法人代表，李东南系胡学勤的债权人，胡学勤欠了他1700万元。而王志波仅仅源于他曾前往惠州进行了一次走马观花的考察和王顺军的初步印象，便认定胡学勤是个"诚实"、"会干事"的人。

**【采访 湖南省益阳市赫山区人民检察院反贪局副局长李润然】**

事实上，胡学勤在广东惠东本地官司缠身。他曾因不执行法院确定的"清偿欠款184万元"义务被惠州市中级人民法院以"老赖"身份曝光。

**【采访 湖南省益阳市赫山区人民检察院预防科干警陈立明】**

胡学勤、李东南在得知王志波的身份后，认为王志波有权力决定该库公款使用，便以50%—100%的高利息回报为诱饵，向王志波提出借款。2009年8月18日，王志波找某米业公司老板陈某借款50万元，并安排陈某将此款转账给了王顺军，然后由王顺军转借给胡学勤投资汽车项目。2011年5月，这50万元却被记入了米业公司与桃江直属库的业务往来。

**【采访 湖南省益阳市赫山区人民检察院反贪局副局长李润然】**

而后，胡学勤屡次以"不继续借款就不能归还前期本息"为由，促使王志波不断挪用公款借给他，作为汽车项目运作的前期费用。2010年下半年，随着胡学勤一次次违约，其挪用的公款累计已达一千多万元。王开始不安，于是不断地打电话或上门，找胡催其还钱。而事实上，自始至终他并未拿到一分钱利息，胡还不停地向他索取借款："如果不继续借款，投资的汽车项目会停办，原来的借款就收不回了。"

**【采访 湖南省益阳市赫山区人民检察院预防科干警陈立明】**

2010年1月至12月，王志波通过业务往来客户益阳市某粮食购销公司老板肖某某账户，共九次转出公款630万元，其中，分六次转出 500 万元借给胡学勤投资国鑫汽车，其余 130 万元借给王顺军使用，王顺军将其中 100 万元转借给胡学勤，剩余的 30 万元用于偿还个人债务。

**【采访 湖南省益阳市赫山区人民检察院反贪局副局长 李润然】**

到 2010 年下半年，随着胡学勤一次次违约，王志波挪用的公款累计已达一千多万元，开始感觉不安，担心借出去的公款不能归还，于是不断地打电话或亲自找胡学勤催其还钱，并明确告知胡学勤、李东南其所动用的都是公款。但是他们说不继续借款，前面的借款就不能按时归还，继而劝王志波再投几百万帮他们渡过难关。虽然其感觉自己已经被他们"绑架"了，但仍抱着赌一把的心理，继续分几次借钱给他们。

**【采访 湖南省益阳市赫山区人民检察院预防科干警 陈立明】**

除借给胡学勤 2000 多万元公款外，王志波还将其私人积蓄和从朋友处筹措的私人借款 110 万元也借给了胡学勤。这是一例罕见的挪用巨额公款给个人使用，非但没有得到预期的任何回报，还使自己背下一身外债的特殊案例。

**【采访 湖南省益阳市赫山区人民检察院反贪局副局长 李润然】**

为了不让人发现，王志波挪用的公款都是通过客户账户转到胡学勤指定的个人账户。桃江直属库与胡学勤之间、与国鑫汽车之间没有任何经济往来凭证，只有胡学勤出具给王顺军名下的借条 6 张金额共计 1615 万元，因为王志波害怕借款人写自己的名字会暴露其挪用公款的问题。考虑到约定的利息太高，违反了有关规定，利息也只有口头约定。

图片说明：湖南省益阳市人民检察院
公诉科副科长张正宁接受采访

**【采访 湖南省益阳市人民检察院公诉科副科长　张正宁】**

在庭审过程中，对于检察机关的指控，王志波辩称其将公款借给胡学勤，不是出于私人目的，而是想为桃江直属库赚钱。而之所以不让单位其他人员知情也没有向上级领导报告，是因为他知道，按照中央储备粮管理总公司的规定，下属各直属库的资金只能用于购销、储存粮油，不能用作他用。虚构购销合同、借助客户账户转账，就是为了规避中央储备粮总公司的制度规定及桃江直属库财务对其转出资金的监管，同时也避免被单位其他人发现。

**【采访 湖南省益阳市人民检察院公诉科副科长　张正宁】**

法院审理查明，2010 年 1 月至 2011 年 6 月，王志波利用担任中央储备粮桃江直属库主任的职务之便，多次虚构粮油购销业务，将桃江直属库的公款以预付收购款或货款的名义转账至业务往来客户的账户，再让业务往来客户将收到的桃江直属库公款转到其个人或指定的账户内，还多次收取桃江直属库往来款不上缴、不入账，供给其个人或借给他人使用，金额共计2051万元，除侦查机关追缴回25万元外，余款至今未归还。

**【采访 湖南省益阳市人民检察院公诉科副科长　张正宁】**

法院审理后作出一审宣判：王志波挪用公款数额巨大，判处有期徒刑十五年，已追缴的赃款25万元退回中央储备粮桃江直属库，继续追缴王志波挪用的公款2026万元。

2011年11月，湖州直属库委托湖州生农粮油机械化生产专业合作社（简称"生农合作社"）订单收购晚粳稻，并约定收购的订单粮食委托给湖州吴兴野田粮油加工厂（简称"野田加工厂"）进行代储。至2012年1月，生农合作社实际收购了3040吨晚粳稻，湖州直属库共支付给生农合作社收购资金884万元。其间，野田加工厂法定代表人钱学生擅自将用于收购订单粮食的资金884万元用于归还个人债务、高利转贷等活动并携款潜逃，占为己有，致使湖州直属库至今无法收回884万元粮食货款。2013年4月，地方司法机关对湖州直属库原业务科长王伯堂、原主任陈志春涉嫌个人经济犯罪问题进行立案调查。2013年6月，陈志春因受贿16.4万元，被判处有期徒刑七年零八个月。王伯堂尚未作出判决。

图片说明：作者采访最高人民检察院反贪总局副厅级检察员　曲　璟

**【采访 最高人民检察院反贪总局副厅级检察员　曲　璟】**

中央储备粮企业担负着关系国家安全的战略物资储备的重要责任，在国民经济发展中扮演着不可替代的角色。企业规模大、覆盖面广，经营管理问题多、难度大，且担负着特殊的政策性任务，随着经济体制改革的不断深化和现代企业制度的建立，如何制定和执行严格的内部控制制度，使企业健康持续地运行和发展，保证国家粮食安全的问题就更加凸显出来，已经成为当前摆在中储粮企业管理者面前的一个重要课题。粮食经营模式、流通体制、行业监督机制、企业管理等方面存在的漏洞和不足，是上述案件发生的主要原因；尤其是资金监管、干部监督、内控制度、外部监管等方面的缺位，为腐败的滋生和蔓延提供了"温床"。

**【采访手记】**

建立和加强中储粮系统内部控制制度，确保会计资料及相关资料真实、正确、合法，是有效防止、及时发现并纠正错误及舞弊，维护企业资产的完整的重要手段。制定的监察制约机制，要包括控制企业经营所涉及的采购、生产、销售等一系列环节的政策及程序。内部控制作为一种科学先进的企业内部长效管理机制，在现代企业中发挥着极其重要的作用，是企业风险管理的必要环节。

# 尾　声

**【解说】**

中储粮公司系统广大干部职工是企业发展的主人翁，是完成国家赋予中储粮各项任务的中坚力量，也是执行各项制度的主体。这支队伍纪律是否严明、行为是否规范、作风是否过硬，事关中央储备粮的安全，事关企业改革发展和稳定。

**【解说】**

中储粮作为国家政策性粮油收储管理的国有重要骨干企业，承担着维护国家粮食安全的重要职责。国家利益高于一切，企业利益必须服从国家利益，中储粮系统内绝不允许任何企业和个人有违反执行国家政策、有损国家利益的行为。

【解说】

前车之覆，后车之鉴。中储粮系统广大党员干部职工，要防微杜渐，警钟长鸣，自觉遵守党纪国法和企业规章制度，切实做到不负重托、不辱使命，廉洁从业、勤勉敬业。从发生在我们身边的这些典型案例中得到启示、吸取教训，付诸行动，清正廉洁，爱岗敬业。

图片说明：中国储备粮管理总公司党组书记、董事长
赵双联在全系统纪检工作会上讲话

**【采访 中国储备粮管理总公司党组书记、董事长　赵双联】**

2013 年 9 月以来，总公司以《中国储备粮管理总公司员工违纪处分暂行办法（试行）》出台为契机，全面整饬纪律、整顿风气，先后处理了云南分公司大理直属库"转圈粮"案件、湖南、湖北分公司两家委托企业将进口菜籽油掺入临储油库存违规问题等严重违反国家政策的违规行为，在系统内起到了很好的警示和震慑作用。对严重违反国家政策、危及"两个确保"的四种严令禁止的行为，总公司今后对违法违

纪现象将实行"零容忍",一旦发生,坚决从重或加重处分。从严要求、从严教育、从严管理,增强全体员工的政策意识、责任意识、风险意识、纪律意识,着力打造一支牢记企业宗旨、素质优良、忠诚履职的铁军队伍。

**【解说】**

中储粮总公司新一届领导班子有充分的决心和信心,进一步团结带领广大干部员工,守住管好"天下粮仓",积极做好"广积粮、积好粮、好积粮"三篇文章,以加强管理、从严治企为重点,提高认识、统一思想,凝聚力量、振奋精神,勇于担当、从严执纪,坚持改革、开拓进取,坚决落实中央对中储粮工作的方针政策和要求,努力开创中储粮系统全面工作的新局面。

# 阳光浙江

## ——浙江省检察机关职务犯罪预防工作访谈录

**总撰稿　陈复军**

**采　访　陈复军　王建国　丰婷婷**

【解说】

浙江，这是一片神奇的土地。曾经闪烁着中华民族灿烂文化光芒的"河姆渡文化"和"良渚文明"，就萌生在浙江这片古老的土地上。

【解说】

改革开放30年，浙江人民用独有的激情和智慧，在这片古老而神奇的土地上，走出了一条富民强省之路。但是，经济的快速发展，也给各种腐败和职务犯罪现象的滋生和蔓延提供了土壤，更给职务犯罪预防工作带来了前所未有的难度。

【解说】

浙江省检察机关在最高人民检察院和浙江省委的正确领导下，坚持"标本兼治、综合治理、惩防并举、注重预防"的方针，克难攻坚、大胆创新、积极实践，"围绕法律监督职能、围绕职务、围绕犯罪"，积极探索有浙江特色的检察预防之路，努力实现"让权力在阳光下运行"，使浙江省检察机关职务犯罪预防工作的特色初步彰显，多项工作走在了全国的前列，为"平安浙江"、"和谐浙江"的建设，谱写了一曲曲检察预防工作雄浑而壮丽的乐章。

# 序曲：源头活水

## ——立足职能　走浙江特色检察预防之路

**【解说】**

胡锦涛总书记在中共十七大报告中指出："坚持标本兼治、综合治理、惩防并举、注重预防的方针，扎实推进惩治和预防腐败体系建设，在坚决惩治腐败的同时，更加注重治本，更加注重预防，更加注重制度建设，拓展从源头上防治腐败工作领域。"

**【解说】**

最高人民检察院曹建明检察长在全国检察机关第三次预防职务犯罪工作会议上的讲话中说："切实加强职务犯罪预防，检察机关责无旁贷。"

**【解说】**

中共浙江省委常委、浙江省纪委书记、浙江省预防职务犯罪工作领导小组组长任泽民在浙江省预防职务犯罪领导小组二次会议上强调说：预防职务犯罪工作，是党和国家反腐倡廉建设总体格局的重要方面，是惩治和预防腐败体系的重要组成部分。抓好这项工作，是深入贯彻党的十七届四中全会、十七届中央纪委五次全会和省委十二届六次全会精神的必然要求，是全面构建浙江特色惩防体系的必然要求，是认真贯彻落实《浙江省预防职务犯罪条例》的必然要求。必须坚持党委统一领导，围绕中心，服务大局，准确定位，务求实效。工作中，重点把握好以下三个方面：1. 全面把握我省经济社会发展的形势与任务，找准预防职务犯罪工作的立足点。今年是实施"十一五"规划的最后一年，是我省进入新世纪以来经济形势发展变化比较复杂的一年，推动我省经济持续平稳健康发展、社会和谐稳定，是我省工作的中心和大局。预防职务犯罪工作必须围绕这一中心、服务这一大局来展开，要及时跟进、全程参与、关口前移，确保中央和我省扩大内需促进经济增长政策措施的贯彻落实。2. 正确认识党风廉政建设和反腐败斗争现状，找准预防职务犯罪工作的切入点。从反腐败斗争的实践，特别是近年来我省查处的违纪违法案件来看，当前党风廉政建设和反腐败斗争形势依然严峻，惩治和预防职务犯罪任务依然艰巨。这就要求我们一方面要加大查办案件的力度，坚持有腐必反，有案必查，对违法违纪案件发现一起，查处一起；另一方面，要更加重视预防。要注意研究职务犯罪发生的原因、环境和条件，分析新形势下可能滋生腐败犯罪的环节和因素，掌握新形势下职务犯罪的特点和规律，研究探索带有全局性、前瞻性的预防和治理对策，不断提高开展预防职务犯罪工作的主动性、针对性和预见性。3. 推进反腐倡廉制度建设，找准预防职务犯罪工作的着力点。预防职务犯罪，要始终把制度建设作为工作的着力点。要根据《浙江省预防职务犯罪条例》，研究制定一批相配套的预防制度，着重抓好廉政风险防控制度和防止利益冲突制度建设，努力形成一整套用制度管权、按制度办事、靠制度管人的有效机制，最大限度减少体制障碍和制度漏洞，提高预防职务犯罪工作的制度化、规范化水平。

**【解说】**

浙江省检察机关，坚决贯彻落实中央反腐败工作精神，根据浙江省委、最高人民检察院的工作部署，认真坚持把"强化法律监督，维护公平正义"的检察工作主题，扎扎实实落实在检察预防工作的全过程，使检察预防工作实现了"从分散状态到集中管理的转变、从初级形式预防到系统全面预防的转变、从检察机关部门预防向与社会预防相结合的转变"，深化了对检察预防工作特点、规律的认识，提高了对预防措施、手段运用的能力，浙江检察预防工作的特色初步彰显：一是把检察预防工作纳入全省惩防体系建设之中，进一步履行了《浙江省预防职务犯罪条例》赋予的职责，推动了内部预防、专门预防、社会预防的有机结合；二是将预防工作融入检察机关执法办案的全过程，进一步落实了侦防工作同部署、同落实、同检查、同考核的要求，促进了办案资源的充分利用和侦防一体化机制的形成；三是把检察预防工作作为法律监督职能的必然延伸，进一步强化了各种预防措施的创新和运用，实现了办案质量的政治效果、法律效果、社会效果的有机统一。

【解说】

通过不懈的探索与实践，充分体现了中央《建立健全教育、制度、监督并重的惩治和预防腐败体系实施纲要》和《浙江省惩治和预防腐败体系实施意见》在浙江检察预防各环节中的有效落实，充分反映了最高人民检察院《关于进一步加强预防职务犯罪工作的决定》在浙江省坚持不懈、持之以恒的实践，全面展现了浙江省检察机关不断砥砺、克服困难的坚定意志和求索决心。为此，浙江省检察机关职务犯罪预防工作受到了各级党委的重视、人大的肯定、政府的支持、群众的称赞、社会的认可和媒体的关注。

【解说】

这些成绩的取得，归功于浙江省检察机关在探索浙江特色检察预防之路的过程中，创造和积累的宝贵经验。这个宝贵经验的取得，浙江省人民检察院陈云龙检察长把它归结于检察预防工作的"五个始终坚持"。

图片说明：陈云龙检察长在浙江省法制教育基地揭牌仪式上讲话

**【采访 时任浙江省人民检察院检察长、浙江省预防职务犯罪工作领导小组副组长　陈云龙】**

多年来，我们浙江检察机关预防工作努力做到了"五个始终坚持"：一是始终坚持在党和国家反腐败总体格局下开展预防工作；二是始终坚持围绕中心，服务党和国家工作的大局；三是始终坚持立足我们检察的职能，在查办职务犯罪同时，做好"后半篇"的文章；四是始终坚持在党委的统一领导下，走预防工作专业化、规范化、社会化的道路；五是始终坚持与时俱进、开拓创新，努力创造出我们浙江预防工作的亮点和品牌。

**【采访手记】**

在"五个始终坚持"的引领下，浙江省检察机关职务犯罪预防工作是一个认识逐步提高，思路逐步清晰的发展过程；是一个社会需求不断加大，工作实效不断明显的发展过程；是一个能力得到提升，素质得到增强的发展过程。这其中，有太多的篇章让我们深受启迪，让我们为之击节赞叹。

# 第一乐章：未雨绸缪
## ——围绕办案　彰显预防措施特殊优势

**【解说】**

宋代名相司马光在《资治通鉴》中说道："销恶于未萌，

弥祸于未形"，这对我们今天的预防工作仍然有着现实的借鉴意义。面对职务犯罪易发多发的态势，浙江省检察机关在狠抓办案同时，科学运用、创新与推广预防措施，"惩治于既然，防患于未然"，使浙江省检察机关开展的职务犯罪预防工作逐步显示出以柔克刚、以善制恶的特殊优势，收到了良好的社会效果。

**【采访 时任浙江省人民检察院副检察长　刘建国】**

浙江作为经济强省，在反腐败斗争中已经取得了明显成效，但反腐败斗争形势仍然严峻复杂。职务犯罪大案要案突出，领导干部特别是高级干部腐败案件时有发生；一些重点领域和关键环节职务犯罪案件频发，涉案金额巨大；窝案、串案、案中案增多；利用职权为特定关系人谋取非法利益的问题突出。仅2009年，全省检察机关立案查处职务犯罪案件1337件，1597人，其中查处处级干部165人，厅级干部15人，是历年来最多的。为此，我们强烈感到：在加大查处职务犯罪的同时，必须充分发挥查办案件的治本功能，加强职务犯罪预防工作，做到惩治和预防两手抓、两手硬。要把预防工作放在与查办案件同等重要的位置，建立教育、制度、监督并重的预防腐败体系。这样，才能从源头上铲除腐败滋生的土壤，遏制职务犯罪易发多发的现象，把职务犯罪发案数降下来。

**【采访 时任浙江省人民检察院职务犯罪预防处处长、浙江省预防职务犯罪工作领导小组办公室副主任　修杭生】**

浙江省检察机关，在预防工作中，紧密结合执法办案，把强化预防措施、提升工作能力的探索与实践，融入于加强

图片说明：时任浙江省人民检察院职务犯罪
预防处处长修杭生接受采访

和改进预防工作中；融入于提升办案质量的政治效果、法律效果、社会效果的有机统一的要求中；融入于内部预防、专门预防、社会预防的结合中。充分反映了中央和省委惩防体系"纲要"和"意见"在浙江检察预防环节的落实；有效反映了高检院预防工作"意见"、"规则"和"决定"等在浙江检察预防工作中坚持不懈、持之以恒的落实；全面展现了浙江省检察机关勇于探索、坚定求索的工作责任心。

　　预防措施的运用、总结与推广，使浙江检察机关开展的预防职务犯罪工作逐步显示出以柔克刚、以善制恶的优势。（1）检察建议的运用更具有权威性。全省检察机关通过办案向政府有关部门和发案单位及时提出检察建议。有20多个检察建议得到了全国和省检察机关的肯定并被评为优秀职务犯罪预防检察建议。（2）犯罪剖析更具有震动性。各级检察院把做好办案"后半篇"文章作为预防工作的一项重要措施和抓手。高质量、有分量的案件剖析报告，引起了省、市党委、政府领导的高度重视，引起了发案单位主管部门的震动并整改。我们撰写的《浙江省商业贿赂分析》被高检院评为"十佳案例分析"之一。（3）行贿犯罪档案查询的受理体现了创造性。行贿犯罪档案查询系统的建立，促进了预防部门与侦查、公诉等部门的资料移送、信息交流及资源利用，为行业（系统）防范机制建立提供了平台，为社会诚信体系的建立起了有效的推动作用。（4）预防咨询、教育、宣传的开展，凸显了警示性。早在 2001 年，检察机关就与相关部门密切配合，先后建立了五个省级、三个市级预防职务犯罪的警示教育基地。十年来，接受教育的人数达 50 万人之多。其中，杭州（萧山）南郊监狱的工作被省委领导作了充分的肯定，并先后被确定为省、市党员干部法纪教育基地。（5）预防调研的深入，反映了实效性。一批调研报告被《中国职务犯罪预防调查报告》、《浙江法制建设蓝皮书》等收录，一批调研报告先后得到了党委、政府主要领导的肯定。特别是永康市检察院的报告，先后得到了当地党委、政府领导的批示，其中有 7 份得到市长批示，为国家挽回经济损失 1.8 亿元，为行业完善 130 多项制度。这些充分体现了各级检察院向党委、政府建言献策的质量。

**【解说】**

浙江始终坚持预防工作放在惩治工作的前面，在腐败的源头上深入调研，提出建议，努力做到检察建议的运用更具有权威性，使预防的关口不断前移。十年来，浙江省检察机关通过办案共向政府有关部门和发案单位提出预防职务犯罪的检察建议 3904 件，采纳 3097 件。其中有宁波、湖州、龙游、海曙、海盐、上城、鄞州 7 个检察院及温州、舟山、衢州和武义、瑞安等 20 个检察院的检察建议分别被评为全国和全省检察机关预防职务犯罪优秀检察建议。一批具有针对性的堵漏防范制度、措施在发案单位建立并完善，从源头上拓展了预防工作领域。

**【解说】**

浙江把做好办案"后半篇"文章作为预防工作的一项重要措施和抓手，浙江的案件剖析（会）从内容到形式都具有很强的震撼力。近年来，一批以《殡葬行业贪污贿赂犯罪严重亟须引起重视》、《全省 28 名土管局长犯罪成因及防范对策》、《对 22 名环保局长职务犯罪案件分析》、《宁波市自来水总公司贪污贿赂案剖析报告》、《丽水市林业系统职务犯罪原因分析》等大量高质量、有分量的案件剖析报告，引起了各级领导的高度重视并批示，引起了发案主管部门的震动并整改。其中，《全省 28 名土管局长犯罪成因及防范对策》得到时任中央政治局常委、中纪委书记吴官正同志的批示，《对 22 名环保局长职务犯罪案件分析》得到了浙江省委副书记、省长吕祖善同志"要以一系列案件为案例，在全系统开展一次专项教育。同时要加强制度建设，阻塞漏洞，不能环保上去了，干部倒下了"这样的批示。同时，殡葬行业、涉农职务犯罪的案件分析，不仅得到了浙江省周国富、章猛进等领导的批示，还有力地引导推动了全省殡葬行业、涉农职务犯罪案件的深入查办。《浙江省商业贿赂职务犯罪案件分析》被高检院预防厅评为"全国检察机关十佳案例分析"第一名，宁波、绍兴市院撰写的《黄立国等人贪污、受贿、挪用公款案分析》和《周开建受贿、挪用公款案分析》被评为"优秀案例分析"。

**【解说】**

2004年起，省、市两级检察院将案件剖析材料推广应用于案件高发、多发的重点行业剖析会之中，特别是电力、金融、教育、保险等部门先后召开的多次案件剖析会极具震动性，启发了发案单位及主管部门加强预防的自觉性。

**【解说】**

为了扩大案件剖析会的广度和深度。2009年浙江省人民检察院、宁波市人民检察院和杭州市上城区人民检察院、宁波市江东区检察院针对当年发生在浙江中烟工业公司杭州、宁波制造部的职务犯罪窝串案，与其共同召开职务犯罪案件剖析会，首次尝试了两地三级检察机关联合组织召开案件剖析会，形式新颖、社会反响较大。为此，最高人民检察院职务犯罪预防厅领导对浙江的案件剖析（会）工作给予了很高的评价："体现了浙江立足检察职能，结合执法办案提高预防的能力和水平。"

**【解说】**

浙江省检察机关行贿犯罪档案查询制度的创建和受理工作，充分体现出浙江检察预防工作的创造性。"行贿查询，源于浙江"。现在全国检察机关实行的行贿犯罪档案查询制度，可以说发源于浙江省宁波市北仑区人民检察院。

【解说】

2002 年 7 月，该院首创了全国第一份"行贿人黑名单"和"行贿人资料库"。这一最早探索建筑领域"黑名单查询制度"的出台，引起了浙江省检察院有关领导的重视，他们敏锐地觉察到这项制度蕴含的预防价值，着手建立全省建设领域行贿犯罪档案查询系统。当时最高人民检察院职务犯罪预防厅组织有关专家学者对此进行可行性论证，引发了部分专家"有无侵犯隐私权"这样的争论，面对专家提出的质疑，他们大胆探索，认真总结，与浙江省建设厅一起对此进行反复论证、深入研究，于 2003 年 11 月起，在全省建设领域开始推广这项制度。在此基础上，浙江率先开发建立了"行贿犯罪档案查询系统"，受到高检院的肯定，2004 年 4 月开始在全国五个省（市、区）试点这项制度，2006 年 3 月开始在全国工程建设、教育、医疗等五大行业领域实行这项制度，2009 年 9 月在全国所有行业领域推行行贿犯罪档案查询制度。2010 年 1 月，包括浙江在内的华东六省一市率先实现了"行贿犯罪档案查询系统"的互联互通。

【解说】

检察机关"行贿犯罪档案查询系统"的建立，充分利用检察机关查办案件和执法活动中生成的行贿犯罪信息，促进了预防部门与侦查、公诉部门的资料移送、信息交流及资源利用；运用技术手段开展预防，为社会提供诚信查询服务，奠定了企业和个人的行贿犯罪信息查询工作在社会诚信体系建设中的法制基础；拓展从源头上防治腐败工作的领域，推动了检察预防与行政主管部门自身预防的有机结合。

【解说】

目前，浙江省"行贿犯罪档案查询系统"内保存有1997年以来涉及建设、金融、医药卫生、教育、政府采购等领域的行贿犯罪资料798条。截至2010年3月底，全省正式对外受理查询申请共12586批次，其中被查询单位96771个，被查询个人100540人次，查询后被处置的单位122个，个人129人次，发挥了积极的法律效果和社会效果。

【解说】

浙江预防教育、宣传活动，凸显出预防工作的警示性。早在2001年开始，浙江省检察机关就与监狱管理部门配合，先后建立了五个省级、三个市级预防职务犯罪警示教育基地。迄今为止，接受教育达50万人之多。其中，杭州（萧山）南郊监狱的警示教育工作被省委领导充分肯定，并先后被确定为省、市党员干部法纪教育基地。特别是建设、国土、金融、交通、广电等行业每年组织相关负责人参加的专题警示教育会，在行业中引起了警钟长鸣的强烈震撼。

【解说】

浙江省检察机关预防咨询工作的开展，也有声有色，轰轰烈烈。宁波、温州、绍兴、舟山、衢州、丽水及苍南、宁海、诸暨等一大批检察院因地制宜，充分运用网络、刊物、讲座、授课、公益广告、展览会等丰富多样的形式开展咨询、宣教，社会反响很好。

**【解说】**

浙江检察预防调研工作最大的特点，是不断强化调研工作的实效性。以《审判及民事裁判执行中职务犯罪及防范对策》、《杭州市教育系统职务犯罪预防对策研究》为代表的一批理论水平高、剖析深刻到位的剖析调研材料，被高检院作为优秀剖析报告收录。以杭州、宁波、绍兴、上城等检察院为主的多篇调研报告被《中国职务犯罪预防调查报告》、《浙江法制建设蓝皮书》等收录。特别是永康市院先后向党委、政府提出预防调研报告32份，其中7份得到市长批示，为国家挽回经济损失1.8亿元，为行业完善130多项制度。省检察院还创办了"预防职务犯罪研究"，为预防调研报告的推广提供了良好的平台。这些调研成果充分体现了各级检察院向党委、政府建言献策的质量，反映出浙江省深入研究预防理论的水平和实际应用能力。

**【采访 浙江省绍兴市人民检察院检察长　胡东林】**

职务犯罪预防调研是最高人民检察院《人民检察院预防职务犯罪工作规则（试行）》确定的一项重要预防措施，指的是人民检察院在开展预防职务犯罪工作当中，对自行发现、社会反映、领导批办、交办的一些情况和问题，认为存在有职务犯罪的隐患，有职务犯罪的迹象，或者有不正常的职务犯罪行为，出于预防职务犯罪的目的，而展开的一项专门性的调查活动。在整个职务犯罪预防工作的格局当中，职务犯罪预防调研，可以说是基础中的基础，十分重要。这几年，我们绍兴市两级人民检察院，贯彻落实高检院、省检察院预防职务犯罪工作部署，围绕大局，推进侦防一体，强化预防调研；围绕党委、政府中心工作，围绕职务犯罪易发多发领域，围绕职务犯罪的倾向性和苗头性问题，进行了一系列有深度的预防调研，形成了一批针对性、警示性、前瞻性强的预防调研报告。也有力地推进了预防工作朝着专业化、智能化、规范化的方向发展，取得了比较好的社会效果和法律效果。2003 年以来，我们围绕预防职务犯罪工作，形成了200 多篇调研文章，有120 多篇在地市以上刊物转载，70 多篇被省级以上包括国家级刊物转载，有 26 个调研成果引起了党委、政府的高度关注，进入党委、政府预防工作的决策程序，取得了比较好的效果。

**【解说】**

浙江省检察机关还立足职能，积极探索和创新预防措施的新途径、新方法。如杭州、宁波、绍兴等市院及上城、江干、西湖、新昌、桐乡、海宁、武义等县（市、区）院分别以社会预防网络、预防协会方式及在党委、政府领导下对社会预防工作进行评比、考核，推进预防工作齐抓共管责任制的落实。杭州市人民检察院开展的"两长论坛"；湖州市人民检察院成功承办的全国首届廉政短信征集大赛；上虞市人民检察院从查处职务犯罪案件入手，向辖区的各乡镇人民政府、街道办事处发出"职务犯罪预防预警"，上升为预防措施。这些新的探索，充分发挥了检察机关查办和预防职务犯罪有效衔接、紧密结合的专业优势，为从源头上拓展预防腐败的领域，提供了新途径、新方法、新对策。

**【采访 浙江省杭州市人民检察院检察长　吴春莲】**

"两长论坛"是我们杭州市人民检察院和各区人民检察院，在最近几年共同探索创立的预防职务犯罪工作的一个新平台。2007年7月，杭州市人民检察院和上城区人民检察院、省卫生厅共同联合，针对当时医药卫生系统职务犯罪高发这样一种情况，共同举办了"杭州市职务犯罪预防医院院长、检察长论坛"，这在浙江省还是首次。2008年9月，杭州市人民检察院，还有江干区人民检察院，又联合省教育厅，共同在杭州市电子科技大学举办了"全省高校校长、纪委书记、检察长论坛"，对预防教育战线的职务犯罪进行了研讨和交流。副省长郑继伟、省纪委的领导和省检察院的领导都参加了会议并发表了重要讲话，对"两长论坛"这种形式给予了充分的肯定和高度的评价。举办这样的论坛，就是比较好地整合了社会资源，形成了职务犯罪预防的工作合力，有效地推进了《浙江省预防职务犯罪条例》的实施。我们今后还将继续举办类似的"两长论坛"，不断地丰富"两长论坛"的内容，不断地扩大"两长论坛"的范围，提高我们杭州市两级检察院预防职务犯罪工作的水平，发挥检察机关预防职务犯罪工作在反腐倡廉工作中应有的作用，为从源头上减少和防范职务犯罪的发生，做出不懈的努力。

**【采访手记】**

一个良好的执法机关关心预防犯罪，多于惩罚犯罪；注重激励良好的社会风俗，多于施行刑罚。浙江省检察机关立足"预防"找路子，在预防调研、案例剖析、检察建议、档案查询、预防宣传、预防咨询六大方面创造了一系列行之有效的方法和措施，将预防的关口不断前移，将预防的触角不断延伸，将职务犯罪的风险点不断揭示，将预防职务犯罪的制度体系不断加以完善，为广大党员干部筑起了一道又一道预防职务犯罪的"防火墙"。

# 第二乐章：保驾护航
## ——围绕中心　凸显预防工作大局意识

**【解说】**

"制治于未乱，保邦于未危。"《尚书·周官》篇中的这一名言，至今读来仍发人深省。2010 年 3 月 23 日，国务院召开第三次廉政工作会议，中共中央政治局常委、国务院总理温家宝在会上发表讲话：今年我国改革发展稳定任务繁重，各级政府要认真落实中央关于反腐倡廉的各项部署，标本兼治、综合治理、惩防并举、注重预防，以重点领域和关键环节为突破口，加强制度建设，强化对行政权力运行的监督和制约，推动反腐倡廉取得新成效。

**【解说】**

围绕中心、服务大局，一直是浙江省检察预防工作的出发点。浙江省检察机关坚持把预防职务犯罪工作置于党和国家工作大局中，在保障和促进浙江经济平稳较快发展中发挥着积极的作用。

重点工程建设一直是职务犯罪的易发高发领域，正如时任浙江省委书记习近平指出的那样："建设工程是腐败的易发地，'豆腐渣工程'、'烂尾工程'的根子就在于腐败。近些年来，有的地方工程上去了，干部倒下了，让人非常痛心。"

## 【解说】

为进一步扩大内需、拉动经济增长、促进产业升级、优化区域布局、全面接轨上海并构筑"长三角"一体化，加快浙江省全面建设小康社会、提前实现现代化，浙江省在2003年至2007年全面实施"五大百亿"工程。2004年，为落实浙江省委关于要把"五大百亿"工程建设成为"廉洁工程"的要求和《浙江省惩治和预防腐败体系实施意见》，浙江省检察院决定在"五大百亿"工程中，开展以实现"工程质量安全、资金管理安全、干部队伍安全"为主题的预防职务违法违纪工作的探索和实践：一是加强组织领导，建立工作机制。在"五大百亿"工程项目中普遍成立预防职务违法违纪工作领导小组，建立预防职务违法违纪工作联络员制度和预防职务违法违纪工作联席会议制度。二是分工负责，分批实施。首先在60个单项或捆打项目中，确定33个项目开展同步预防；其次在取得经验基础上，逐年逐步推进，形成对重点工程建设进行预防的长效机制。三是加强法制宣传，构筑思想防线。在工程施工现场树立"警示牌"、"举报箱"，积极开展"以案释法"和"现身说法"警示教育活动。四是积极开展调研，完善管理机制。对工程建设中涉及各类行政审批、审核、核准和评优等工作进行规范和监督，积极探索和总结推广"公开招投标制度"等治本性措施，促进有关建设行政主管部门深化改革、完善制度。五是加大监督力度，严惩违法违纪。对工程建设过程中发生的涉嫌职务违法违纪案件线索，及时移送检察或监察机关处理，并且积极向发案单位及其主管部门提出检察、监察建议，帮助堵漏建制。

**【解说】**

通过浙江省检察机关的努力，使一批以杭州湾跨海大桥、舟山大陆连岛工程、申嘉湖杭高速公路等为典型代表的"五大百亿"工程建设项目实现了"工程优质、干部优秀"的"双优"目标。同时，作为浙江省惩防体系构建的典型，"五大百亿"预防违法违纪工作经验，在全省推进惩治和预防腐败体系建设工作会议上进行介绍和推广。

"五大百亿"预防违法违纪工作，还得到时任浙江省委副书记、省纪委书记周国富的高度评价："围绕'五大百亿'工程的实施，整合部门职能，综合运用法律、纪律、政策及行政管理等手段，预防职务违法违纪的联合构建方式，为全省惩防体系的构建提供了新鲜经验。"

**【采访 时任浙江省人民检察院检察长、浙江省预防职务犯罪工作领导小组副组长　陈云龙】**

我省"五大百亿"工程于 2008 年结束之后，省政府提出了《浙江省 2009—2010 年政府主导性重大建设项目计划》，也就是千亿基础网络、千亿惠民安康、千亿产业提升

"三个千亿"的工程。这是我们浙江省贯彻落实中央扩大内需、促进经济增长决策部署的重要举措。为此，根据《浙江省建立健全惩治和预防腐败体系2008—2012年实施办法》，我们浙江省检察院联合省发改委、省监察厅、省审计厅，共同在"三个千亿"工程建设当中，开展了预防职务犯罪工作；共同制订出台了包括"建立5个机制、完善4项制度、提出3项要求"为主要内容的工作意见，制订了具体的实施方案，积极地实现对"三个千亿"工程建设中29个百亿元项目预防的全覆盖。其中，按照属地管辖原则，我们舟山市人民检察院针对跨省区的洋山港建设项目，积极地与上海市人民检察院进行协调、配合，共同开展了预防职务犯罪工作，得到了最高人民检察院的肯定和推广。

【解说】

浙江省检察机关围绕"三个千亿"工程建设，根据中央最近关于集中开展工程建设领域突出问题专项治理的工作部署，以及高检院《关于加强和规范涉及工程建设项目的预防职务犯罪工作的意见》的指示精神，积极会同省发改委、省监察厅、省审计厅对"三个千亿"工程的预防工作进行了再动员、再部署，为"三个千亿"工程预防工作的顺利开展提供了坚强的组织和领导保证。

【采访 时任杭州萧山国际机场二期工程建设指挥部副总指挥 施向前】

我们一直认为，预防比惩治更重要，所以在二期工程一开始，我们就十分重视预防工作。我们建立了专门的机构，不定期地组织干部职工进行警示教育，并根据我们二期工程的实际情况，制定了一系列的规章制度，把整个预防工作纳入到二期工程的全过程，确保了我们二期工程建设质量安全、资金安全和干部队伍安全。

**【解说】**

涉农职务犯罪预防也是浙江检察预防工作的一项重要内容和一个亮点。随着国家对新农村建设投入的不断加大，浙江省检察院较早地把职务犯罪预防的触角不断向农村延伸。

**【解说】**

浙江省农村乡镇党委、村党组织约占全省基层党组织总数的22%；农村党员约占全省党员总数的51.6%。涉农职务犯罪预防非常必要，同时又是当前预防工作的一个新领域。通过近年来的不断探索和实践，浙江不少基层检察院在当地乡镇、街道开展了农村职务犯罪预防工作。浙江省检察机关根据中共中央、国务院《关于推进社会主义新农村建设的若干意见》及省委、省政府《关于全面推进社会主义新农村建设的决定》，制订出台了相关加强农村基层组织职务犯罪预防工作意见和实施办法。金华市武义县检察院就是浙江省最早探索农村职务犯罪预防工作的单位，他们早在2003年通过对农村职务犯罪案件的调查分析，向基层党委提出了建立村民监督委员会的检察建议，得到当地党委和纪委的重视，各地农村也争相效仿，使这项制度很快在浙江全省推开，现在浙江大部分农村都已建立了自己的村民监督委员会，对预防农村干部职务犯罪起到了极大的促进作用。

【解说】

浙江从全省农村工作的实际出发，建立了在基层党委领导下的预防工作领导体系，在街道、乡镇设立检察联络室、聘任联络员制度和农村工作指导员等，将农村基层组织职务犯罪预防工作纳入社会治安综合治理目标责任制考核；结合办案积极开展涉农职务犯罪案件剖析和调查研究，运用检察建议推进相关乡镇、村建章立制，以案释法开展预防宣传教育活动；此外，还加大了面向农村基层组织开展预防宣传教育的工作力度，创新了相关预防制度，如建立了涉农预防咨询的联系制度，探索建立向辖区的各乡镇人民政府、街道办事处"职务犯罪预防预警"制度等。

【解说】

这些工作进一步维护了广大农民的权益，推进了农村党风廉政建设，为维护农村资金、资产、资源安全做出了积极的努力，为农村的改革发展提供了有力的司法保障。

【解说】

预防工作为党和国家的中心工作的大局服务，以当地重点工程建设和新农村建设为突破口，浙江省检察机关的预防工作抓在了点子上，抓在了要害处。哪里有重大项目，哪里就有预防工作；哪里牵涉人民群众的根本利益，哪里就有检察机关预防工作的身影。"未雨绸缪"，浙江省检察预防工作，客观上纯洁和教育了我们的干部队伍；"保驾护航"，浙江省检察预防工作以实际行动向党和人民交上了一份满意的答卷。

**【采访 时任浙江省人民检察院职务犯罪预防处处长、浙江省预防职务犯罪工作领导小组办公室副主任　修杭生】**

在立足检察职能、服务大局，在重点工程建设项目积极探索实践《浙江省预防职务犯罪条例》的专项督导。一批以杭州湾跨海大桥、舟山大陆连岛工程、浙能兰溪电厂、宁海国华电厂、申嘉湖杭高速公路等为典型的重点工程建设项目，不仅受到了预防单位的欢迎，还提升了对预防工作的认识，增强了预防工作的合力。通过"贴近工程、贴近工程中的人、贴近工程中的事"的预防实践，使建设单位发自内心地感到，"预防职务犯罪就是维护和发展先进的生产力"，"预防职务犯罪就是净化建设市场、促进诚信建设"，"预防职务犯罪就是关爱干部前途和家庭幸福"。对此，省委领导充分肯定：预防工作为我省惩防体系的建设构建提供了新鲜经验。

**【解说】**

对此，时任浙江省委书记赵洪祝曾高度评价说："检察机关做了大量卓有成效的工作，在围绕中心、服务大局方面，工作做得好，做得实，尤其在全力服务经济平稳较快发展方面充分发挥了检察职能作用；法律监督工作把握得好，既依法查办职务犯罪，又积极开展职务犯罪预防，使预防的关口不断前移。"

# 第三乐章：固本强基

## ——夯实基础　全力推动预防工作向专业化发展

## 【解说】

"沉舟侧畔千帆过，病树前头万木春。"职务犯罪预防工作是一项长期而艰巨的任务，维系着党和国家的安危，我们无论把它放到多么重要的位置也不为过。进一步强化预防基础工作，对于增强预防工作的实效、提升预防综合能力，具有积极的推动作用和重要的现实意义，也是检察机关预防职务犯罪工作逐步迈向职能化、专业化的发展方向。围绕这个方向，浙江省检察机关正进一步夯实预防工作的各项基础，全力推动预防工作向专业化、制度化、信息化、规范化方向发展。

图片说明：时任浙江省人民检察院
副检察长刘建国接受作者采访

**【采访 时任浙江省人民检察院副检察长　刘建国】**

浙江省各级检察机关正在逐步建立和完善惩防一体化工作机制。浙江省检察院在 2003 年 10 月制定了《浙江省检察机关职务犯罪预防工作协调规定（试行）》，明确各部门要各负其责、相互配合，共同做好预防工作的原则，提出预防工作要贯穿于检察业务全过程的工作职责要求，每年定期召开院内预防工作领导小组会议，布置工作任务和要求。特别是近几年，我们将案件分析、检察建议等纳入本院反贪、反渎、监所等办案部门的年度考核的内容。明确规定：全省各级检察机关的反贪、反渎、监所部门对本部门、本年度立案侦查终结的所有案件都要进行案件的分析工作，并在案件侦查终结之日起 15 日内将案件分析报告抄送本院预防部门。对应当发出预防检察建议的发案单位，要及时发出检察建议并督促落实。同时，积极发挥预防部门的作用，积极拓展职务犯罪的案源，促进预防部门和办案部门优势互补。2005 年以来，全省各级院预防部门发现职务犯罪线索后移送侦查部门并立案侦查的有 261 件。今年，我们又重新调整了省院预防职务犯罪领导小组，由陈云龙检察长担任组长，由我和何永星副检察长一起担任副组长，进一步促进了院内的惩防一体化建设。

**【解说】**

同时各地还不断创新惩防一体化工作制度，如慈溪市院为加大惩治和预防工作力度，分别建立了举报信息共享制度、职务犯罪案件预防介入侦查讯问制度和职务犯罪案件

"会诊"制度三项制度；安吉县院明确规定院内信息通报共享、侦查和预防部门共同实施典型案件预防、预防部门介入案件侦查三项工作机制。

**【采访 时任浙江省慈溪市人民检察院检察长 陈贺评】**

为适应反腐败工作形势的深入开展，近年来，我们慈溪市人民检察院积极试行"侦防一体化"工作机制，探索新形势下查办和预防职务犯罪新方法、新途径，我们建立了"三个制度"。第一个制度是举报信息共享制度。就是举报中心对所受理的举报信息在向自侦部门移交的同时，也向职务犯罪预防部门进行通报，使案件信息在侦查部门和预防部门之间双向流通。第二个制度是预防介入侦查讯问制度。就是案件办理的时候，在侦查部门将案件向公诉部门移交之前，预防部门就参加审讯犯罪嫌疑人，从而获取个案预防所需要的很多与职务犯罪相关的"情景"资料。第三个制度是职务犯罪案件"会诊"制度。就是判决生效之后，职务犯罪预防部门对需要"会诊"的案件，报告检察长同意后，由职务犯罪预防部门牵头，与侦查部门、公诉部门一起，职务犯罪预防部门全体干警参加，对案件进行集体"会诊"。这三项制度建立了以后，对职务犯罪预防工作起到了很大的作用，这对我们来说也是一个创新。特别是职务犯罪预防部门原来对案子的情况不熟悉，对搞预防来说也是比较空的。这个制度建立以后，对个案情况了解了，也了解了一些案子的基本规律，对贪官的思想动态情况掌握了，使预防工作也更加有针对性。这样使我们的预防工作在社会上开展起来也更有针对性、时效性。

## 【解说】

根据最高人民检察院制定的《预防职务犯罪工作规则（试行）》，认真加强了预防工作规范化、制度化的研究。嘉兴、温州鹿城等检察院，以制度建设为重点，逐步规范和完善预防工作业务流程，先后制定了内容较完整、具有操作性的各类工作管理规定。省检察院在各地基础上，制定并将下发实施《浙江检察机关预防工作规范》。各地又根据高检院《规则》和省院《规范》，细化了具体预防制度，如宁波市院的《职务犯罪案件剖析会实施细则》，上虞市院的《个案预防实施细则》等。

## 【采访 时任浙江省绍兴市人民检察院检察长　胡东林】

上虞市人民检察院的职务犯罪预防工作起步比较早，有不少创新和亮点，也得到省人民检察院的充分肯定，有三项工作应该说比较有特色：第一项工作，2001 年开始，市检察院推出的"绿卡制度"。"绿卡制度"与"黑名单制度"相对应，实际上是我们省建设市场廉政准入制度的雏形。第二项工作，前年他们制订出台了《个案预防实施细则》，围绕个案预防，建立一案双责、侦防一体、量化考核、信息管理等四项制度，尤其是具体规定每年侦查部门和预防部门至少对 30% 以上的职务犯罪的侦查终结案件进行个案预防，把个案预防作为一项硬的任务进行落实，在我们省比较早地建立起了"侦防一体"的工作机制。第三项工作，这几年市检察院在重点加强对行业性、系统性重大工程项目预防的同时，把职务犯罪预防工作积极向农村进行延伸和拓展，结合办案，建立了"农村职务犯罪预防预警"机制，得到了党委和政府的充分肯定。上虞市检察院在职务犯罪的预防工作方面，它的一个最大的特点，就是有效整合侦查办案资源和预防资源。有效地及时地把预防资源转化为预防措施，取得了比较好的社会效果。

【解说】

浙江检察机关"预防职务犯罪信息库"的建设，为检察预防工作提供了可靠的信息化平台，也给预防工作提供了科学办案的有效手段。多年来，浙江检察机关在认真总结、推广永康、象山和义乌等地经验的基础上，一直致力于在全省检察机关推广运用行政执法信息报备制度，开发运行"预防基础信息系统"，使之成为一项重要的预防基础性工作。浙江省的预防基础信息系统建设，最早源于永康市检察院的"行政信息资料库"。为了遏止行政执法领域的职务犯罪现象，永康市人大常委会 2004 年作出"行政机关向检察机关移送行政执法资料"决定。在此基础上，通过一年时间的开发建设，于 2004 年 10 月建成了门类齐全、实用安全的"行政信息资料库"，实现行政执法机关信息资料共享，努力实现把事后查询公示向事前预警转变。

【解说】

省检察院认真总结永康开发"信息资料库"的经验，积极提出在全省推广应用预防信息资料库设想。2004 年 9 月和 2005 年 5 月，省检察院预防处两次到高检院预防厅汇报演示"预防信息资料库"，得到高检院主管领导的肯定。2005 年 5

月省检察院预防处发文提出《浙江省检察机关预防信息库建设标准（试行）》，要求建立"四个信息库"，一是"职务犯罪案件信息库"；二是"行贿人信息库"；三是"重点工程建设信息库"；四是"重点行业信息库"，旨在规范各地预防信息库的软件开发设计。这个做法后来与上海浦东等地经验一起受到了中央的高度关注。2007年，贾春旺检察长给吴仪副总理写信，建议建立行政执法和刑事司法"网上衔接、信息共享"制度。高检院预防厅下发了《关于充分利用"网上衔接、信息共享"机制，加强"预防职务犯罪信息库"建设的通知》。

**【解说】**

实践证明，浙江省检察机关最早提出和实行的行政信息资料库建设的做法，有效运用行政执法信息，对行政执法中间滥用职权和行政不作为等行为实行动态检查、监督，从中发现了一批违法犯罪线索，为预防工作提供了新的载体，也为预防工作加强预测预警、动态监督拓展了一条新的思路。2009年10月召开的浙江"全省检察机关预防信息化建设现场观摩会"，对全省预防信息库建设进行总体部署，进一步形成了集建库、联网、运用、管理于一体，内外共享、侦防一体的预防工作信息化建设思路。现在浙江省检察院"侦防信息库"建设已完成招标，即将建成投入使用。

**【解说】**

浙江省检察院"侦防信息库"的建设，为检察预防工作及时收集行政执法等信息，以信息化手段推动预防工作整体水平的不断提升提供平台；同时也为反贪、反渎部门的侦查工作提供相关职务犯罪线索，以信息化手段推动反腐败工作的深入开展奠定了基础。

图片说明：何永星副检察长接受"浙江之声"现场访谈

## 【采访 时任浙江省人民检察院副检察长、浙江省预防职务犯罪工作领导小组办公室主任　何永星】

我来谈一谈浙江预防工作的专业化建设情况。检察预防的专业化建设，我们体会到这是履行检察预防职能的必然要求，也是拓展预防领域、创新预防手段的必然要求。如果没有专业化的建设，检察预防就很可能会被边缘化。那么，这几年我们在抓专业化建设方面，着重做了以下四项工作：第一，预防的模式更加规范。我们以高检院的《规则》和浙江省的《条例》作为依据，初步形成了具有浙江特色的预防措施"6＋1"模式。第二，预防活动更加程序化、制度化。主要体现在对重大工程建设预防建立了督导制度；进一步规范了警示教育活动；建立了行贿犯罪档案查询的联网制度，还对相关的预防活动建立了比较多的实施细则。第三，检察预防的资源得到了有效的整合和充分的发挥。主要体现在更加有效地发挥了查办案件的治本作用；更加有效地整合了检察机关各相关的业务部门的预防的资源；更充分地发挥了检察机关内部相关部门的预防工作的优势；同时，我们还把预防的工作任务分解到各个相关的业务部门，并把这项工作任务纳入到各部门的绩效考评内容中间。第四，提高专业的能力和水平。主要是通过职业训练、岗位培训，通过对案件剖析报告和预防建议的评选、评优活动，通过个案指导和典型引路等办法，提高我们的工作水平和能力。

**【解说】**

有了好的工作机制，好的工作规范，好的工作平台，检察预防工作就有了行动指南和工作抓手。同时，他们还在不断加强机构建设，使检察预防队伍整体素质在很大程度上得到了提升。目前，浙江省市两级检察院的预防处早已单列。全省 102 个检察院有 99 个院设立了经编委批准的预防机构，现在全省有预防干部及职工 255 人，具有本科以上学历的预防干部比例达到 85%。自 2004 年以来，先后有 8 位预防干部荣立二、三等功，宁波、绍兴市院预防处先后被省院荣记集体二等功，有 6 个先进集体和 10 位先进个人受到省院的表彰。此外，他们还加强自我约束，严格遵守预防工作"四不准"纪律，绝不借口预防干预有关部门、单位的正常管理活动，决不利用预防掩盖有关部门、单位存在的问题或者包庇违法犯罪活动，绝不干预市场主体自主经济行为，绝不利用开展预防谋取个人和单位利益。迄今为止，未有一名预防干警出现违法违纪问题。

**【采访手记】**

建机制、建规章、建平台、建队伍。浙江省检察预防工作就是这么扎扎实实、一步一步走向专业化、制度化、信息化、规范化的路子，为全国检察机关检察预防工作树立了榜样。"乘风破浪会有时，直挂云帆济沧海。"浙江检察人，正积蓄着新的力量，酝酿着新的目标，谋求着新的跨越。

# 第四乐章：扬帆破浪
## ——依法履职　推进预防工作走向法制化轨道

**【解说】**

中央在总结反腐败经验基础上，作出了建立健全惩治和预防腐败体系的重大决策和部署，并要求"加快廉政立法进程，研究制定反腐败方面的专门法律"。这一点，浙江做了切实可行的工作。

**【解说】**

浙江自 2002 年 2 月 28 日三门县出台本省第一部《关于加强预防职务犯罪工作决定》（三门县第十二届人民代表大会常务委员会第 32 次会议通过）以来，全省先后制定、颁布了 16 个关于预防职务犯罪工作的规范性文件。这些在党委、人大正确领导和具体指导下的先行实践和卓有成效的努力，为推进浙江省预防工作的法制化建设闯出了路子、提供了经验、奠定了基础。同时，浙江省委在《〈浙江省惩治和预防腐败体系实施意见〉2005—2007 年工作要点》中明确提出制定《条例》的要求。随后，《浙江省预防职务犯罪条例》于 2006 年 11 月 30 日经浙江省第十届人民代表大会常务委员会第二十八次会议通过，并于 2007 年 3 月 1 日起正式实施，充分集中和提炼了预防职务犯罪工作的特点、方法，首次把行贿犯罪档案查询制度、收集掌握预防信息制度和新闻媒体舆论监督制度等纳入规定，同时用法规确定了浙江省检察、监察、审计机关履行指导、监督预防职务犯罪工作的职责，标志着浙江省检察机关预防工作已逐步走上规范化、法制化轨道。

**图片说明：时任浙江省人大常委会副主任刘奇接受作者采访**

**【采访 时任浙江省人大常委会副主任、浙江省预防职务犯罪工作领导小组副组长 刘 奇】**

浙江省在贯彻实施《条例》过程当中，确实下了不少功夫，采取了许多积极有效的措施，主要体现在以下几个方面：第一，建立了在省委领导下的预防工作领导小组；第二，形成了以检察、监察、审计为主，相关部门密切配合的预防工作的合力；第三，以《条例》颁布三周年为契机，大力开展《条例》的宣传教育活动；第四，就是把《条例》贯彻实施工作以及预防职务犯罪相关工作列入到"平安浙江"建设的考核体系；第五，建立起了具有浙江特点的《条例》贯彻实施的督导制度。

**【解说】**

《条例》颁布后，浙江省检察机关以《条例》新闻发布会为动员令，以《条例解读》为指导，以"条例研讨班"为学习基础，按照《关于学习、贯彻和落实〈浙江省预防职务犯罪条例〉的通知》要求，通过送《条例》、运用电视、电台等新闻媒体、座谈会、联席会等多种形式，广泛、深入地开展了学习、宣传和贯彻落实《条例》的活动，扩大了《条例》的社会影响力，进一步提高检察机关依法预防的能力。

**【解说】**

2009年，浙江省检察机关以《条例》颁布三周年为契机，在省委领导的支持下，进一步加大了预防工作宣传力度。省检察院副检察长、省预防办主任何永星应邀做客"浙江之声"广播电台，参加了"阳光行动"在线访谈；《浙江日报》以醒目的标题、专门的版面发表了"落实预防职务犯罪职责，推进我省惩防体系建设"等五篇专题文章；浙江卫视新闻播出围绕《条例》颁布三周年宣传活动的综合新闻，陈云龙检察长代表省预防工作领导小组接受节目访谈；浙江各主流媒体对此分别进行了集中宣传活动，其规模之大、时间之长、媒体面之广、影响之深远，实属近年来浙江省首次。

**【解说】**

建立省委领导下的预防工作领导小组这是浙江检察预防工作的一次跨越。2008 年 10 月省检察院专题向省委报告《关于进一步贯彻落实〈条例〉，加强职务犯罪预防工作的建议》。随后，省委专门成立了由省委常委、省纪委书记为组长，省委常委、副省长、省人大常委会副主任、省人民检察院检察长为副组长，省检察院、省监察厅、省审计厅等 17 家单位、部门为成员的"浙江省预防职务犯罪工作领导小组"，在省检察院下设办公室，并对成员单位的工作任务进行细化分解和提出具体实施措施，推动了党委统一领导，检察、监察、审计机关依法监督、指导，相关职能部门密切配合的职务犯罪预防工作格局的形成，为推动职务犯罪预防工作搭建了社会化预防的大平台。

**【解说】**

把预防职务犯罪工作纳入"平安浙江"考核体系，这是浙江检察预防工作受到各级党委政府重视的关键所在。为切实把执行《条例》工作落到实处，以促进社会和谐稳定为责任，在省委政法委牵头制定的《平安浙江考核办法》中，省检察院积极协助把开展预防职务犯罪工作情况纳入"平安浙江"的具体考核办法中，并提出具体解释意见。

**【解说】**

在浙江检察、监察、审计机关等部门的监督指导和其他部门的联合参与下，使浙江预防工作形成了社会预防的合力。为进一步贯彻落实省委《浙江省建立健全惩治和预防腐败体系2008—2012年实施办法》中"认真落实《条例》"要求，省检察院与省监察厅、省审计厅召开了由省发改委、省教育厅等10家参与单位及部分省属国有企业负责人参加的贯彻落实《条例》工作座谈会，就检察、监察、审计三机关成立领导层面的预防工作领导小组，建立联席会议制度、完善案件线索移送及协查制度、建立信息交流与情况通报制度，及建立《条例》执行工作督导等四项工作制度，达成共识，为《条例》的深入贯彻实施提供了制度保障。

**【解说】**

为了督促预防主体增强主体意识，提高依法履行预防职责的自觉性，省检察院制定了《落实〈浙江省预防职务犯罪条例〉专项督导意见》。同时，全省各级检察机关还先后会同监察、审计等机关在建设、国土、税务、医疗卫生、安监、金融、交通、林业、水利、电力、环保等21个重点行业和系统组织开展了对《条例》执行情况的专项督导检查，并及时向同级人大、党委、政府呈报执行《条例》情况专题报告。其中，有 7 个市级、81 个县（市、区）的人大、党委、政府领导对执行《条例》情况专题报告作出了重要批示，对预防办开展的执行《条例》情况专项督导工作给予了充分肯定。

**【解说】**

浙江省检察院、省监察厅、省审计厅联合省发改委、省国资委对杭州萧山国际机场二期工程建设指挥部、施工、监理等单位贯彻落实《条例》职责等情况以听取工作汇报和检查相关台账的方式进行了专项检查，并就问题及时向杭州萧山国际机场公司进行了反馈，这是《条例》颁布实施以来，检察、监察、审计等机关依法履行《条例》职责第一次探索实践。

**【采访 时任杭州萧山国际机场二期工程建设指挥部副总指挥　施向前】**

2013 年 11 月底，省预防职务犯罪领导小组办公室组织省检察院、发改委、审计厅、监察厅、国资委等有关部门，对我们杭州萧山国际机场二期工程贯彻落实《条例》情况进行了专项督查，提出了加强预防工作的意见和建议。我们非常欢迎这种方式，省有关部门发挥各自的优势，相互配合，联合执查，既保障了我们二期工程建设质量的安全、资金安全，也保证了我们干部队伍的安全，有力地推进了我们二期工程的建设。

**【采访手记】**

浙江人敢为人先，首先在预防工作的法律法规建设上下真功夫。各种预防法规条文的制定颁布，建立省委领导下的预防工作领导小组，把预防工作纳入"平安浙江"考核体系，以检察、监察、审计机关为主形成预防合力，建立落实《条例》专项督导制度等，浙江省各级党委、政府、人大领导对预防工作的运筹帷幄，为浙江各级检察机关抓好预防工作，奠定了坚实的法律基础，创造了良好的政策环境，为全省检察预防工作的全面展开铺平了道路。

# 尾声：新的航程

## 【解说】

唐代大诗人贾岛有诗曰："十年磨一剑，霜刃未曾试。今日把示君，谁有不平事？"十年，经过十年的不懈努力，浙江省检察机关"反腐败斗争"这把利剑已经铸就，"职务犯罪预防"工作也取得了明显的成效，检察预防工作取得了长足的发展，特别是在预防工作六项措施的基础上，创造性地开展的专项督导制度，使浙江检察预防工作的"6＋1"模式初步形成。

## 【解说】

但是，我们要清醒地看到当前反腐败斗争的严峻形势，深刻地认识到"反腐败斗争的长期性、复杂性、艰巨性"，切身体会惩治和预防腐败工作责任的重大，"雄关漫道真如铁，而今迈步从头越"。浙江的检察预防工作刚刚走过第一个十年的辉煌历程，又一个十年，新的航程正等待着我们扬帆破浪、奋力起航，正如浙江省委常委、副省长葛慧君所说。

图片说明：葛慧君副省长接受作者采访

**【采访 时任浙江省委常委、浙江省副省长、浙江省预防职务犯罪工作领导小组副组长　葛慧君】**

浙江省各级检察机关经过多年的努力，已经初步走出了一条具有浙江特色的"预防之路"。我觉得主要体现在三个方面：一是初步形成了在党委统一领导下的社会化预防职务犯罪的工作格局，使预防职务犯罪工作向纵深发展；二是初步形成了职能部门组织协调、相关部门分工负责、预防的主体主动履责的工作合力，呈现出上下统一、左右协调、内外互动、良性循环这样一个良好的发展态势；三是初步形成了以最高人民检察院的《预防职务犯罪工作规则》和

《浙江省预防职务犯罪条例》为依据的七种措施，使预防职务犯罪工作在规范化、专业化、制度化的轨道上得到了创新发展。

**【采访 时任浙江省人民检察院副检察长、浙江省预防职务犯罪工作领导小组办公室主任　何永星】**

预防工作面临的新情况、新问题也是比较多的。这些变化给我们的预防工作提出了更高的要求，对我们传统工作的思维方式、工作方法和队伍素质提出了新的挑战。怎样尽快地去适应这种变化，是摆在我们面前一项十分紧迫的任务。我想就我们现在的实际情况看，实现这个转变，可能重点要抓好以下三方面的工作：第一，角色要转变。检察机关作为预防职务犯罪的一个职能部门，要为党委治理腐败当好参谋，要站在全局的高度来思考和谋划预防工作，提出近期和长期的预防工作的规划意见，供党委决策。那么，预防部门作为检察机关的职能部门，要为党组的预防工作当好参谋。它的主要职责是出主意，抓落实，善协调，会综合。第二，要努力提高组织协调能力。因为，预防工作是涉及方方面面的一项综合治理工程，单靠检察院和预防部门是没办法完成的。因为预防工作的职责分布在各相关的职能部门，预防工作的任务也都分解到各个相关部门。作为牵头部门，检察机关和预防部门，就得承担起组织协调的责任来，不但自己要做，还要监督和指导人家去做。组织协调，不仅是一种权力，更意味着一种责任。我们一定要有这种意识，要增强提高组织协调能力的紧迫意识。第三，要抓紧完善相关的制度。因为相关的工作机制的建立，从目前来看，都还是初步的，它需要有一个不断地完善的过程，而且有些制度目前看还都是一种框架性的，还需要不断地细化。总之，预防工作就是这样一步一步走过来的。所以，我们今后的预防工作也同样要坚持与时俱进，不断地在探索中发展，在规范中提高，在创新中深化。

**【采访手记】**

浙江检察人，正进一步深入学习贯彻落实科学发展观，抓住机遇，坚定信心，振奋精神，趁势而上，更加自觉地履行法律监督职能，全面加强和改进预防工作，以扎扎实实的工作，实实在在的效果，不辜负党和人民的重托，为强化法律监督能力，推进新时期反腐倡廉建设和构建社会主义和谐社会作出新的更大的贡献！

# 廉者  政之本

## ——韶关市原政法委书记、公安局长
## 叶树养贪污案访谈录

**总撰稿  陈复军**

**采  访  陈复军  欧阳宝山  张瑞锋**

【解说】

"马坝文明古，舜帝乐声悠。岭南粤北疆界，兴替看韶州。"韶关，广东著名的历史文化名城，粤北地区政治、经济、文化的中心。春风拂韶关，众手著华章。踏着改革开放的强劲节奏，一个经济繁荣、社会进步的区域中心城市正崛起于岭南粤北大地上，从城市到乡村、从工业到农业，处处都描绘出一幅天覆地翻慨而慷的壮丽画卷。

【解说】

与此同时，我们清醒地认识到，随着改革开放的深入和市场经济的发展，由于体制、机制、制度的不健全、不完善等诸多因素影响，出现了腐败易发多发的严峻形势。腐败的滋生与蔓延，严重损害着党和政府的良好形象，动摇着党的执政根基，干扰着市场经济秩序，影响着改革开放和市场经济发展，破坏着和谐文明的社会风尚，必须引起全社会的高度关注。

**【解说】**

中国共产党从成立之初，就把"反腐倡廉"写在自己的行动纲领上，旗帜鲜明地反对腐败。早在1926年，中共中央就向全党发出了《关于坚决清洗贪污腐化分子的通告》，我们党的奋斗历程就是一个不断纯洁组织、坚决惩治腐败，促进和谐发展的历程。

**【解说】**

从毛泽东同志在西柏坡提出两个"务必"，到新中国成立之初的"三反""五反"，依法处决中共石家庄原市委副书记刘青山和天津地委原书记张子善，从而奠定了廉政之基，开国新风。

从邓小平同志提出："整个改革开放过程中都要反对腐败"，到江泽民同志号召全党："要从党和国家生死存亡的高度认识反腐倡廉的重大意义"，党中央从严依法查处全国人大常委会原副委员长成克杰等一批高官，彰显了"党要管党，从严治党"，坚决反对和治理腐败的坚定决心。

**【解说】**

新的世纪以来，以胡锦涛同志为总书记的党中央带领全党继续深入推进党风廉政建设和反腐败斗争，确立了标本兼治、综合治理、惩防并举、注重预防的方针，建立健全教育、制度、监督并重的惩治和预防腐败体系。要求在坚决惩治腐败的同时，更加注重治本、更加注重预防、更加注重制度建设，坚持用改革的办法，解决深层次的腐败问题。

**【解说】**

党的十八大之后，以习近平同志为总书记的新的中央领导集体，强调要始终保持惩治腐败的强劲势头，"要坚持'老虎''苍蝇'一起打，既坚决查处领导干部违纪违法案件，又切实解决发生在群众身边的不正之风和腐败问题"。更加科学有效地防治腐败，坚定不移地把党风廉政建设和反腐败斗争引向深入，努力建设法治中国、平安中国、美丽中国。

**【解说】**

中共中央政治局委员、广东省委书记胡春华同志指出，要以攻坚克难的精神，推进反腐倡廉建设，紧紧抓住重点领域和关键环节，推进体制、机制、制度创新，最大限度地减少腐败现象滋生蔓延的土壤和条件。

市委书记郑振涛同志告诫全市党员干部，加强新形势下的反腐倡廉建设依然任重道远，容不得半点懈怠。

**【解说】**

为认真吸取韶关市叶树养、聂云祥等腐败案的深刻教训，按照中央惩治和预防腐败体系建设要求，加大从源头上预防腐败力度，在韶关市委、市政府的领导下，市纪委、市委组织部、市检察院共同建立了"韶关市党风廉政建设、干部任前法纪教育、预防职务犯罪教育基地"。

**【解说】**

教育基地的建成，为进一步加强韶关市党员领导干部党纪、政纪、法纪教育，增强拒腐防变能力提供了内容丰富、功能齐全的集中教育平台。

借助这个平台，加强反腐倡廉宣传教育，大力提高全市机关干部、企业管理人员，特别是各级领导干部求真务实，执政为民，拒腐防变的自觉性，牢固树立正确的世界观、人生观、价值观和权力观、地位观、利益观。

这里，我们以叶树养案件为例，认真分析一个党员领导干部思想蜕变的过程和原因，试图找到公职人员职务犯罪的根源和预防措施。

**【解说】**

随着改革开放的深入，所有制成分的多样化，分配逐步拉开了距离，处在社会变革前沿、大权在握的实权部门干部中，意志薄弱者心态失去了平衡，存在着思想防线被逐步瓦解的趋向，对金钱的诱惑，由抵制、拒绝变得躲躲闪闪，由躲躲闪闪变得心存侥幸，又由心存侥幸变成了"暗度陈仓"的权钱交易。

**【解说】**

一些官员在参与经济活动中，错误地认为自己为他人谋取了利益，别人挣了"大钱"，自己应该得点"小钱"。他们把本应履行的职责作为讨价还价的砝码，把本应履行的义务作为谋取利益的资本，大肆收受贿赂。据有关数据显示，发生在经济往来中的贿赂犯罪比例最多。审批得

"红包"，进货得回扣，放贷要分成，这似乎已成为司空见惯的"潜规则"，这种"潜规则"已成为腐蚀官员的一剂毒药。广东韶关市原公安局长叶树养的案子，可谓非常典型。他已经不满足于想得点"小钱"，他在挣钱上有着非同寻常的大志向。

**【解说】**

叶树养高中毕业后回乡务农，当年加入中国共产党，并被推选为生产队长、大队书记。

1976 年 4 月，年仅 20 岁的叶树养，走出鸡岭村，担任回龙公社革委会副主任、企业办主任，从此开始了他的政治生涯。

叶树养 28 岁时被调至新丰县任县委常委兼农委主任。在推行"干部年轻化"政策时，叶树养意外连升两级，进入新丰县委领导班子。

1998 年 12 月，叶树养升任中共新丰县委书记，主政新丰。他任职 4 年间，在"交通、财政、城建、师资"建设方面颇有建树。并提出要在新丰建立广东无公害蔬菜生产基地、绿色食品生产基地示范县、新丰江之源生态县，取得了卓越的成效。

广东省人民检察院的材料上评价，叶树养从政的第一个十年中，是一位努力向上、干事创业的青年领导干部形象。可是，随着职务的升迁叶树养的思想上产生了职务犯罪的误区，他彻底变了，变得贪婪疯狂。

**【解说】**

叶树养的畸变，没有逃过人民群众的眼睛。2008 年 8 月，根据群众举报，广东省纪委对广东省韶关市委政法委书记、公安局长叶树养巨额财产来源不明的问题展开全面调查。不久，在叶树养的老家，新丰县回龙镇鸡岭村一幢占地约 300 平方米、高两层的红色小洋楼里查获了 6 个保险柜。到 12 月底，共收缴叶树养违纪违法现金 5500 多万元，其中涉嫌违纪违法犯罪金额 1771 万元，此案涉及韶关市各系统 40 个单位，80 余名干警以及多名市领导干部。其涉案金额之大，涉案人员之多，社会影响之坏，令人触目惊心。

叶树养在 2002 年任韶关市委常委、公安局长之前，曾任新丰县县长、县委副书记，韶关市及其所辖的新丰县都是经济欠发达地区，叶树养数以千万计的违纪违法金额在老百姓眼里无疑是一个天文数字，叶树养是通过怎样的手段捞取这些不义之财的呢？

**字幕**

# 手段之一：插手工程收贿赂

**【解说】**

叶树养早在担任新丰县委书记期间，就开始在城乡居民旧房改造以及休闲广场等大型工程项目中收受贿赂。2001 年叶树养帮建筑承包商龙金水拿到了丰臣镇政府原址地块准备开发房地产项目，项目一签，书记与包工头便开始了讨价还价的交易。

**【同期声 建设工程包工头　龙金水】**

他（叶树养）的意思叫你不要独吞，嗯，要我分那个回扣，80万元利润给他。我的意思是，我宁愿把60%（利润）给你，我得40%，他说这个时间太长，起码两三年，他说啊，你就一次性把利润回扣给我吧，80万元。他不同意（按利润分成），我就答应了给他（80万元）。

**【解说】**

在建这座耗资一个多亿元的韶关市公安局办公大楼时，叶树养更不会放过捞钱的机会，他在大楼建设工程中受贿60万元，在大楼绿化工程中受贿50万元，在社会治安视频监控系统中受贿120万元。

**字幕**

# 手段之二：逢年过节收红包

**【解说】**

叶树养任职期间收受的红包礼金和烟酒等物品金额总计高达3490万余元，其中在新丰县工作期间收受的红包就达2400多万元，2400多万元恰好是他升任新丰县委书记的全县一年的财政收入。在这个贫困县竟然出现如此巨贪真是让人瞠目结舌，叶树养收受的这些红包绝大多数是带有受贿性质的。

**【解说】**

作为韶关市公安系统的主要领导，叶树养的职责是打击违法犯罪，维护公平正义。但他却大搞权钱交易，充当非法经营者和黑恶势力的保护伞。在韶关娱乐业，金源酒店老板陈济健可以说是一个说一不二的人物，就连叶树养的外甥姜海文要开游戏机室都要征得他的同意。

**字幕**

## 手段之三：徇私枉法收"黑金"

**【同期声 叶树养的外甥　姜海文】**

金源酒店的老板他做得最大，公安全部是支持他的，这个你在韶关随便问一个（人），说想开游戏机室，你说，要经过谁同意，不会说要经过某个领导，某个人，就是说要问问他，问问陈济健同不同意，所以呢，我当时开这个（游戏机室）的时候，我问过他，如果不经过他同意呢，他会叫公安、文化、工商去搞你的。你一开，第二天马上就有公安上门了，要么就是文化局稽查队上门了，要么就是工商。

**【解说】**

一个经营酒店和游戏机室，主要通过色情和赌博获取暴利的个体老板，为什么不但从未受过查处，而且还能在韶关呼风唤雨呢？从2005年开始，个体老板陈济健为了使自己的色情、赌博等非法经营活动不被公安机关查处，多次向叶树养行贿共计243万元。

**【采访手记】**

官商一体的出现，便产生了权力寻租和滥用的空间，官员可以利用这个空间谋取更大的私利，不法商人和违法经营者却能获取最大的不法利益。

**【同期声 记者】**

你为什么给他那么多钱？

**【同期声 韶关市金源酒店老板　陈济健】**

给他那么多钱，就是为了保护我嘛，就是说顺利地没有让公安过来查。奥运前，他亲自带队，酒店啊，游戏机都查。

**【同期声 记者】**

他有没有带队到你那里去查？

**【同期声 韶关市金源酒店老板　陈济健】**

没有。经过我那边时，他问人家，这里有没有什么事？没事，没事，就走了，就去其他地方查了。

**【同期声 记者】**

明摆着保护了你。

**【同期声 韶关市金源酒店老板　陈济健】**

哎，明摆着就是帮我，保护我啊！

**【解说】**

2008年一个徐姓老板的女婿甘某，因敲诈勒索被曲江区公安局逮捕，并移送区检察院起诉，徐某便通过姜海文找叶树养帮忙。叶树养便向曲江区委、区公安局、区检察院的主要领导施压，最后将甘某作不起诉处理。

**【同期声 叶树养的外甥  姜海文】**

过了一个月左右，徐就打电话给我，说女婿出来了呀，感谢你舅舅。他说，你过来我办公室坐一下吧。我就到他办公室，他就用一个黑色的泡沫袋，就放那个办公室他坐的沙发旁边，我走的时候，他说你帮我拿过去感谢你舅舅，这里是 20 万元，我就晚上找个时间过去给了他。

**【同期声 韶关市委原常委、政法委书记、公安局长  叶树养】**

这事件搞定之后呢，当事人一家很高兴，就通过阿文，我的外甥，拿了 20 万元给我。

**【解说】**

个体老板焦化列在韶关公园经营石英矿，2006 年因涉黑和偷税漏税问题两度被市公安局拘留并罚款，焦化列出来后为寻求保护通过叶树养的外甥姜海文贿赂叶树养 40 万元，并把这个石英矿的 20% 的干股送给了叶。截至案发，叶树养通过干股分红六次，共获利 60 万元。拿人钱财替人消灾，叶树养收受贿赂后多次给公安局、国土局等单位领导打招呼，在解决矿产纠纷，扩充采矿范围等方面为焦化列提供方便。更为恶劣的是叶树养利用自己的地位和权力，还在矿山老板的利益争端中为焦化列撑腰，造成了非常恶劣的社会影响。

**【采访手记】**

官商勾结这种共生关系，催生了权力新贵以惊人的速度积累钱财，导致更多的国家财富流入其个人的腰包。

## 【解说】

叶树养不是天生的腐败分子，相反他的人生前期根正苗红，是优秀中年干部，重点培养对象，这些令人羡慕的概念成为机遇紧紧连在一起。叶树养1956年8月，出生在新丰县回龙镇鸡岭村。1974年，高中毕业返乡的叶树养，由于聪明能干被推选为生产队长、大队书记。1976年，叶树养沿这条蜿蜒曲折的小路走出鸡岭村，担任了回龙镇革委会副主任、企业办主任，在那个物资极度匮乏的年代，他分管财贸和商业，却从未利用职权之便多拿一斤猪肉、一块肥皂。

图片说明：时任新丰县人大常委会副主任潘启迪接受采访

## 【同期声 时任新丰县人大常委会副主任　潘启迪】

他在回龙工作我就认识他了，在我的印象当中他还是比较纯朴的那种人，当然了文化是比较低一点，但是人是比较纯朴的那一种人。

**【同期声 叶树养】**

那时候很单纯的，就是一心一意地把工作做好了，一个农民的儿子，转为吃国家粮了，是很高兴的，很满足的。

**【解说】**

1984年，年仅28岁的叶树养因工作业绩突出被破格提拔为县委常委、农林办主任。之后，又担任了县长、县委书记。在发展县域经济，完善基础设施推广三高农业，改善农民住房，提高教育水平等方面也都作出了一些成绩。

**【同期声 时任新丰县人大常委会副主任　潘启迪】**

应该说他在新丰工作还是竭尽全力的，工作成绩也是比较大的。那年水灾，都晚上了他打电话给我，他说水灾了，我们马上出发，马上就跟他去了几个镇，过一个山的时候，山都倒塌了，我说叶书记行不行？他说没问题。去呀，怎么都要去呀，我们还没有去那边，不知道情况怎么样了。好像要舍命去，就这么去的。

**【解说】**

如果能够沿着这样的方向去谱写自己的人生乐章，叶树养的人生无疑是辉煌的。令人痛心的是叶树养变了，变得贪婪，变得疯狂，开始在违纪违法的沉沦之路上难以自拔越走越远。到底是什么原因让叶树养从人民公仆变成了人民的罪人。从主观上讲是由于其人生观、权力观、亲情观的全面畸变。

字幕

## 救赎之一：腐败往往从人生观畸变开始

**【解说】**

人生观决定人的价值取向、奋斗目标和前进道路。叶树养的沉沦，从根本上说，是他的人生观发生了畸变。据他讲，他当初当上新丰主要领导后，对上级下发的反腐倡廉的相关文件他都很少认真学习，有的仅画个圈，有的连圈都懒得画就直接送去存档，反而开始研究《三国演义》，喜欢研究权术，研究风水。叶树养沉迷风水在韶关是出了名的。他任新丰县委书记时，听说山西五台山道士算卦灵验，就千里迢迢赶去问卦。一些人也正是利用他的这一特点，投其所好和他拉关系、结私交。在韶关经营赌博活动的陈济健，就是通过给叶树养介绍风水先生而和他拉近关系的。

**【同期声 陈济健】**

他说小陈，听说江西风水（先生）很好啊？我说有哇，我说到时候我有空，我就过去帮你找全国风水第一村姓曾的（风水先生）。后来果然那个先生就找到了，带他过来，过来之后就去找老叶，他见了以后就很高兴，一聊啊，就觉得有点分量，所以（他对我）看法就比较好。所以就比较赏识，比较投缘，关系越来越密切了。

**【解说】**

这座气势不凡的坟墓，是叶树养违规占地为自己预备的生坟，之所以他百年之后的归宿选择在丰原县周杯镇，是因为这里出过不少高官显耀，叶树养希望这里的风水能保佑自己的子孙后代升官发财，富贵年年，只可惜事与愿违，叶树养自己的生坟变成了自掘坟墓。贪赃枉法不仅使他身败名裂，保佑不了子孙后代，反而带给他一生的耻辱和永远都抹不去的伤痛。

沉迷风水的叶树养最后发展到不论公事、私事，凡事都要算上一卦。有一次，乐昌平石镇发生一起杀人案件，叶树养竟带着这名私交颇深的道士去指导破案。道士摆出罗盘推算一番，说杀人犯往某个方向逃了，叶树养竟下令办案人员往道士说的方向追。一个厅级干部，一个地市级的公安局长，迷信到这种地步真是令人啼笑皆非。

法国作家巴尔扎克说：没有思想上的清白，也就是没有金钱上的廉洁；丧失了金钱的廉洁，也就导致了道德的堕落。

对待红包的态度最能体现叶树养的变化过程。据叶树养交代，他刚到县里工作时，别说是红包就连别人送的土特产他都不敢收。但是，退了又送，送了又退，反而被人认为是不近人情，是摆架子，伪君子，久而久之就懒得退了。实质上就是认同了，接受了。

**【同期声 叶树养】**

（红包）一般什么时候送你，都是中秋和春节，大部分是春节为主，有单位的、有领导的、有干部的、有下面乡镇的、基层的、有外面交往的、有朋友的、有同乡的，老乡那些，七加八加肯定有那么多。每年大概有两三百万元，（新丰）全部加起来有两千来万元。

## 【解说】

叶树养的胆子越来越大，对红包不但来者不拒，后来甚至发展到主动索要。到韶关之后的一个中秋节，某县的公安局长没有及时进贡，叶树养竟亲自打电话问，过节了怎么没见你来呀？局长解释说，这段时间县里工作忙，叶树养当即发火，是县里重要还是市里重要啊？最后的结果不言而喻。

叶树养自幼家贫，少儿时代的贫穷在他的意识深处留下了深深的印象。

## 【同期声 叶树养】

有时一个多月都没有油煮菜了，到了高中都没穿过内裤的，只穿我母亲做的布鞋，没穿过商店买的鞋。

## 【解说】

也许是出于对贫穷的极度恐慌，叶树养对金钱的作用有着刻骨铭心的认识。本来追求财富既是人类的正当权利，也是人类进步的重要动力。但是，君子爱财要取之有道。而叶树养却反其道而行之，通过巧取豪夺的方式，不择手段的疯狂敛财。

图片说明：时任中共广东省纪委一室主任王双喜接受采访

**【同期声 时任中共广东省纪委一室主任　王双喜】**

叶树养一个字就是钱，完全已经掉进钱眼里面去了。

**【解说】**

叶树养总共有6个大保险柜存放现金，由于现金存放的时间太长保险柜里成捆的钱都发了霉，有了这么多钱，叶树养并没有得到幸福，他提心吊胆过日子，生怕有一天东窗事发被投进监狱。

**【同期声 叶树养】**

这些钱是一种负担来的，你也不敢去用，也不敢拿去置业，不敢拿去买房，也不敢高消费，就是放在家里，其实就等于心理平衡吧，就等于是一个满足感吧。

**【解说】**

贪婪开启地狱之门，在贪欲魔咒的驱使下，财迷心窍的叶树养开始丧失理智变得疯狂，最后走向深渊。叶树养堕落的悲剧警示我们，共产主义的理想信念是共产党人的生命线，丝毫动摇不得，只有把最广大人民群众的利益作为人生追求，才能体现个人的人生价值，才是正确的人生取向，否则就会适得其反。

**字幕**

# 救赎之二：权力观畸变，当官做主的航向就偏了

**【解说】**

有什么样的人生观就会有什么样的权力观。同人生观的畸变一样，叶树养权力观的畸变也经历一个过程。胆子大、有魄力，这是叶树养给人的深刻印象。应该肯定胆子大、有魄力是领导干部干事创业的基本素质，在新丰叶树养因此也做了一些实事，取得了一些成绩。

**【同期声 韶关区公安局 110 指挥中心原主任　陈铁强】**

我当时一直佩服他，这个人大刀阔斧，他的事业心很强，总想做一番事业，做出一番成绩出来。

**【解说】**

但是，胆子大、有魄力的素质必须要有正确的权力观作指导，必须要受到民主法制的约束和规范，否则就叫胆大妄为。随着权力越来越大，地位越来越高，叶树养的敢作敢为渐渐演变成了刚愎自用。2000 年时任新丰县委书记的叶树养不顾实际提出了要集资 1000 多万元建云髻山度假村，在开会讨论时，有半数班子成员不同意，叶树养觉得领导权威受到

挑战大发雷霆，不顾民主集中制原则，决定由交通、民业、电力等十几个部门各建一栋别墅并限期完工，十多栋别墅建成后，由于没有客人住，常年空置，只能堆放杂物，现在成了鸡犬和蜜蜂的乐园。骄横跋扈的霸道作风和升官发财的封建意识结合，大大助长了叶树养以权谋私的犯罪行为。

**【解说】**

与众多腐败分子一样，叶树养背后也有一个情妇，他对情妇真是有求必应，光借情妇炒股的钱就达 560 万元。2007年，他为了帮助情妇拿到公安局新办公大楼绿化工程，竟然绕开公安局基建办和分管领导亲自出马与情妇签订绿化合同。最后，不仅帮情妇拿到了工程，自己也从情妇手中捞了50 万元回扣。

**【解说】**

2006 年夏天，根据叶树养的指示，鲁源县公安局长组织抓捕无证采矿的李姓老板，只叶树养一个电话又把他招到韶关，刚一进门，叶树养就指着身旁的人说，他就是你要抓的人，他的事就算了，不用再追了。叶树养这种目无法纪朝令夕改的行为让该公安局长大为震惊。

叶树养在韶关认识很多老板，这些老板朋友大多是利用他的公安执法权，通过一抓一放的手段交下的。叶树养之所以能敛取巨额的财产也正是与其这种乱交朋友，乱办事有密切的关系。

**【同期声 叶树养】**

历朝历代都这样，不光是现在，官商官商，没有官你商也做不大，有官没有商，你这个官也当不好。

**【解说】**

2008 年 5 月，省纪委和有关部门在调查韶关钢铁集团供应处处长严守南受贿 1000 多万元的案件时，发现韶关宜达燃料公司董事长朱思宜涉嫌巨额行贿的问题，朱思宜为了逃避罪责找到了叶树养。

**【同期声 韶关宜达燃料公司原董事长　朱思宜】**

我就说你是政法委书记，你是常委，那就由你去帮我摆平这个事，看看这费用怎么给了。他就说，你看看办，估计没多大问题。我就说，我把 200 万元给你，你去帮我把这个事情处理好，摆平。他就说，好，好，好。在 5 月 20 日，我把 200 万元拿到他家里去，说这个事就交给你了，由你去办好这件事。他就说，好，好，好，他会全力办好这件事。

**【解说】**

叶树养收下了朱思宜的 200 万元以后，居然向调查组隐瞒朱思宜的下落，想方设法阻止调查。把权力当作敛财工具的叶树养。这时候，已经是什么钱都敢收，什么事都敢做，竟敢冒被杀头的危险放走毒贩，竟敢包庇上级机关重点查办的违法对象，真是恶胆包天，如同黑社会一般。

**【同期声 新丰县政协主席　吴　江】**

他有些事情呢，胆子太大，太过分，所以才有今天的结果。

**【解说】**

失去监督的权力必然导致腐败。领导干部必须树立正确的权力观，自觉接受各方面的监督，用人民赋予的权力造福社会，造福人民。切忌，不要从中捞取任何私利，否则便是走向迈进犯罪深渊的第一步。

**字幕**

## 救赎之三：亲情观畸变，"利只为自己家人所谋" 酿大错

**【解说】**

人生观畸变便导致亲情观畸变。权力观畸变必然在亲情观上得到体现。孝顺父母，疼爱子女，是熟悉叶树养的人对他的一个评价。叶树养孝顺父母，疼爱子女，但他孝顺疼爱的方式就是为他们敛财。据叶树养交代，他收受巨额贿赂，留给自己2000万元，在广州买套豪华别墅，然后领老婆周游世界，留给儿子2000万元，让他过舒服生活。留给女儿、女婿2000万元，让他们赚钱过好日子，叶树养不仅拿钱给女儿、女婿做生意，而且还利用职权帮助女婿在韶关经营矿山牟取暴利。

2006年，叶树养在手续不全的情况下，通过职务影响跟有关单位领导打招呼为其女婿开了这座铁矿。之后，叶树养又亲自出面找到韶关钢铁集团公司的有关领导要求韶钢收购女婿的铁矿石，仅此一项他们就获利400多万元。

**【同期声 韶关区公安局110指挥中心原主任　陈铁强】**

我觉得老叶为后一代考虑太多了，他特别疼爱小孩，对他的小孩呢，也考虑得多，总想小孩将来生活好一点，我估

计他在敛财这方面呢，就是为小孩考虑得太多了。

**【解说】**

叶树养忘记了共产党员的根本宗旨，一心总想为自己和家人牟取不义之财，结果落了个身败名裂的可悲下场。他被查处时，上有90多岁的父亲和80多岁的母亲，下有怀孕的女儿和备战高考的儿子，他的孝顺和疼爱反而给家人带来了巨大的痛苦。每当谈到家人他都深感愧疚泣不成声。

**【同期声 叶树养】**

我家里面没有人犯过法的，没有人坐过牢的，就我这个人坐过牢，我怎么对得起祖宗啊！是不是呀？我痛心。到现在我同家里电话都没有通过，话都没讲过，我对家里人讲不出口，一讲我就哭，我不敢面对家里人，不敢面对亲人。

**【解说】**

讲义气，肯帮忙是熟悉叶树养的人对他的又一个评价。

**【同期声 吴　江】**

他比较愿意帮助人家办一些事情，他比较相信人家的话，他就比较讲义气。

**【解说】**

在中国传统的道德品质中，义气具有合理成分义夹杂着封建因素，在现代法治社会，应该发扬其中的刚正之义，如果不讲原则，不辨是非，不顾后果的迎合朋友的不正当要求，这种义气就是一种无知和盲从。陈铁强被捕前是韶关市公安局110指挥中心主任。陈铁强在叶树养任新丰县委书记时就深得信任，他担任县委办公室副主任。叶树养到韶关后，又把他调到身边委以重任，连装有上千万元的保险柜都委托他代管。在韶关视频监控系统工程中，叶树养除自己受贿120万元外，还让承包商给陈铁强也送了120万元。

**【同期声　陈铁强】**

他开始同龙老板说，要龙老板关心阿强，龙老板第一次就跟老叶说了，他说他会看的，他会认真做的，他说，阿强他什么都没有，你关照他一下就行了，就这个意思，后来老叶又问过我几次，龙老板有没有关照你，他（对我说）你没有房子住，你就买个房子住。

**【解说】**

对于这个跟随自己多年的老部下，叶树养的确很讲义气。不过他的这种被铜臭污染的义气却把陈铁强送进了牢狱。

无情未必真豪杰，怜子如何不丈夫。重亲情本来是中华民族的优秀品德，但对于一个手握权柄的领导干部来讲就要慎重权衡，绝不能用亲情代替党性原则，突破法纪屏障破坏社会公平，否则就会害人害己。

**【采访手记】**

国家培养一名领导干部要花很大代价，一名领导干部堕落为腐败分子，对国家带来的损失更大。加强对领导干部、特别是"一把手"的监督，刻不容缓。叶树养从1988年第一次受贿到2008年案发相隔20年才被查处，这说明我们的反腐倡廉工作确实存在薄弱环节，未能有效地防止其违法犯罪，也存在多方面的客观原因。

字幕

# 原因之一　监督缺位，"一把手"为所欲为

**【同期声 陈铁强】**

一个地方最难监督的或许就是县委书记，是很难管的，就是怎么样监督方面，我们党的机关，要认真地考虑研究一下，怎么来监督这一层，包括公安局长，就是权力太大（的那些人）。

**【解说】**

上级年年都发文，严禁领导干部收受红包。但是，叶树养却置若罔闻照收不误，可一直也没有受到查处。

**【同期声 叶树养】**

事实上年年都发了文件，实际上大家也都不去执行，就这样的问题嘛！全国不是没有发文件，发了很多文件，全部都没怎么去执行的问题，发个文件就行了，没人去检查，没人去监督，没人去约束，没人去跟踪。

**【解说】**

捞了那么多钱，不但没有出事反而仍然是执法机关的"一把手"，从此叶树养就更加胆大妄为，什么人都敢结交，什么钱都敢要，甚至不惜贪赃枉法。

字幕

## 原因之二　惩处不力，带病提拔终成患

【解说】

叶树养在新丰任县委书记时，借修建休闲广场等项目谋取私利，一些离退休老干部知道后去韶关市上访告状，虽然市纪委也派了调查组到新丰调查核实，但却没有认真负责地深挖细查，只走走过场不了了之，正是由于执纪执法部门对贪污腐败惩处不力，纵容了腐败现象的滋生蔓延，惩处本身就是最好的教育、最好的保护和最好的预防。叶树养在县委书记位置上通过这些政绩工程，捞取了大量不义之财，如果组织能够及时发现，及时惩处，他也就不会堕落到今天这个地步，更不会继续贪赃枉法使党和人民蒙受更大的损失。

字幕

## 原因之三　制度不全，贪赃枉法无忌惮

【解说】

叶树养案件涉及韶关市公安局内部多名领导干部和干警，可以说是一个群体性腐败案件，它与公安局内部制度不健全是密不可分的。叶树养在韶关公安局私自制定土政策以罚代刑，违法收取上千万元的担保金。造成韶关市公

安局有法不依，执法不严，甚至贪赃枉法现象屡见不鲜。各单位部门"小金库"泛滥，仅交警支队的"小金库"就有现金6000余万元。对其管理使用也缺少制度约束，仅凭单位主要领导和部门领导一句话就可以开支几万元，甚至几十万元，这就为少数人侵吞国有资财提供了可乘之机，以致用公款送红包现象一度泛滥。

叶树养在韶关任职期间，仅收受公安局内部人员和单位所谓红包就高达1000多万元。局中层以上干部几乎都给他送过红包，这些红包大致都来自单位的"小金库"。

**【同期声 叶树养】**

这些领导送钱加起来也不少，一次送几千元，这些钱怎么出来？它同样是公家的钱，你以为他是私人的钱呀？都是单位的嘛！单位有钱，每个单位都有钱。

我不想出去了，不想面对社会了。

**【采访 时任韶关市人民检察院检察长 阙定胜】**

剖析叶树养的犯罪过程，我们不难看出，他涉足的犯罪领域有五个方面：为黄、赌、毒犯罪和违法活动充当保护伞；为矿山老板牟利；干预司法机关办案；利用职权安排人事；利用权力为包工头牟利。叶树养在职期间，制订"五项计划"、恪守"五不原则"、"兢兢业业"十九年、贪腐目标六千万元。被称为"最有理想的贪官"。法律是无情的，叶树养最终没有逃脱法律的严惩，应该说他是罪有应得。从主观上讲，叶树养价值观发生蜕变是其贪腐堕落的主要原因；从客观上说，公安办案制度、单位用人制度和权力监管制度等方面的缺失，也给他贪腐堕落提供了可乘之机。

**【解说】**

作为公职人员，掌握的是公权，履行的是职责。公职人员只有履行公务的义务，没有得到回报的权利，无论别人如何挣大钱，自己都不能去取"半杯羹"。否则，"小头"也能击倒高官。切记："压垮骆驼的往往是最后一根稻草。"

**【解说】**

叶树养案件的教训是深刻的，代价是沉重的。面对市场经济的大潮，每一位公职人员、领导干部都难以回避形形色色的各种诱惑，我们必须把预防职务犯罪的关口前移，有效防范自己人生观、权力观、亲情观的畸变，端正自己为人民服务的宗旨意识，牢牢构筑拒腐防变的道德防线，让自己永远立于不败之地，让家人永远平安幸福，让党和人民永远满意放心。

**【解说】**

驿道雄关在，谁倩九龄讴？千百年来，韶关，这片哺育清官名士的土地，有着清正廉洁的为官风尚。一代名相张九龄，四大名谏余靖，为官清正，风采当年。

廉者，政之本也。今天，我们的党员干部更要有一股正气、大气和雅气。千万不要对党和人民的信任不知珍重；对受人尊重的社会地位不知珍惜；对幸福美满的家庭不知珍贵，利用手中的权力进行权钱交易、违法乱纪，到头来身败名裂、一无所有。

**【解说】**

鉴前车之覆,听警钟长鸣。广大党员干部一定要居安思危,修身立德,力戒奢靡。自觉把心思和精力用在为民谋利上,用在干事创业上,用在努力创造经得起人民和历史检验的实绩上。

党心民心,上下一心。让我们紧密团结在以习近平同志为总书记的党中央周围,在市委、市政府的正确领导下,全面贯彻落实科学发展观,扎实推进党风廉政建设和反腐败斗争,为建设我们幸福美好的韶关而努力奋斗。

**【解说】**

高山峻岭,挡不住千流入海;

流云迷雾,遮不住日出高天。

廉洁自律、执政为民,不仅是党的号召,更是时代的要求和人民的呼唤!

# 法治的尊严

## ——延庆县园林绿化局原局长孙思升贪污案访谈录

**总撰稿** 陈复军

**采　访** 陈复军　李艳霞　李建成　于　然

# 一、小城风波

**【解说】**

2009 年 11 月，北京郊县延庆的天气已颇有初冬的寒意。时任延庆县市政管理委员会主任的孙思升调至延庆县园林绿化局任局长。没隔几个月，这位新任延庆县园林绿化局正处级的局长，被延庆县人民检察院依法传唤了。

这在延庆这个郊县小城，可是个大事，一时间成为县直机关和各部、委、局干部群众谈论的热点话题。

**【解说】**

2010 年 4 月 3 日，孙思升因涉嫌犯有贪污罪，被延庆县

人民检察院立案侦查，同日被依法刑事拘留。2010 年 4 月 17
日，被依法批准逮捕。

至此，孙思升案件慢慢掀开其神秘面纱。

孙思升，男，中共党员，北京市延庆县人，汉族，大专
文化，曾任延庆县四海镇教师，延庆县政府科员、科长、县
委研究室副主任，延庆县千家店镇党委书记，延庆县市政管
理委员会主任，2009 年 11 月至被延庆县人民检察院立案侦
查以前任延庆县园林绿化局局长，正处级。

图片说明：北京市延庆县人民检察院
副检察长高涛接受采访

**【采访 时任北京市延庆县人民检察院副检察长　高　涛】**

孙思升贪污案主要发生在其担任延庆县市政管理委员会
主任期间。

2006 年 5 月，孙思升指派延庆县市政市容管理委员会工
作人员从北京市延庆县职业高中育新电器维修部会计肖某处
先后两次领取三张现金支票共计 115855.76 元，用于自己的
弟媳任乐荣等人补缴养老保险。其后，孙思升指令该单位所

属延庆县市政供暖所长曹某给韩文芃弄二三十万元。曹某与韩文芃联系协商后，以供应螺纹焊管及保温项目为名签订了虚假的加工合同，标的为人民币200070元。后经孙思升批准，将延庆县市政供暖所公款200070元分两次转入韩文芃个人承包的延庆县职业高中育新电器维修部账户，后韩文芃将该款转入个人银行卡中。另外，上述用于缴纳社会保险的11万余元一直没有还给韩文芃，案发后相关人员将借款交给延庆县人民检察院。

**【解说】**

2008年1月，孙思升要求延庆县市政市容管理委员会总工程师胡某在结算金宸大厦围墙工程款过程中，多向韩文芃支付20余万元工程款。胡某即让该委员会监理科监理李某制作了工程造价为261420元的虚假新兴小区路面整修工程承包合同，并通知延庆县市政市容管理委员会下属将该工程款与大厦围墙工程款一并支付给育新电器维修部。后韩文芃让维修部职员刘某以自己的名义补签工程造价为73987元的大厦围墙工程承包合同的同时，签订了工程造价为人民币261420元的虚假新兴小区路面整修工程承包合同以后，韩文芃又让肖某到延庆市政工程公司领取上述两笔工程款。该公司按照工程款6%的比例扣除上述两项工程的管理费后将315283元支付给肖某，其中大厦围墙工程款为69548元，新兴小区路面整修工程款为245735元。而后韩文芃将公款245735元存放在自己的理财金账户内。

**【解说】**

2009年1月，被告人孙思升指令延庆县市政市容管理委员会下属孟某，从延庆县老旧小区环境整治工程款中拨付给韩文芃40余万元资金。孟某即让该公司预算科负责人制作金额为人民币429000元的市政工程公司资金使用审批单。韩文芃亲自开具内容虚假的发票并指使肖某制作虚假薪资表后，指派肖某持上述虚假发票及薪资表到延庆市政工程公司将上述款项领回。而后韩文芃将该429000元公款存入自己理财金账户中。

韩文芃于2010年春节前在园林绿化局办公室交给孙思升2万元。

**【采访手记】**

一个领导干部，单位"一把手"，想把钱给谁拨付出去，就能拨付出去；想把钱给谁拨付出去多少，就能拨付出去多少；失去监督的权力，势必成为滋生腐败的"温床"。

领导干部特别是主要领导干部腐败，不仅本人"多年'修行'毁于一旦"，政治生命结束，而且也是党和人民事业的损失，因为培养一名领导干部特别是主要领导干部很不容易。

让我们看看孙思升的成长履历。

# 二、曾经的辉煌

**【解说】**

北京市延庆县千家店镇，位于延庆县东北部，距延庆县城 60 公里，是延庆县乃至全北京市最边远的山区城镇之一，也是一个山清水秀的秀丽小镇。

让我们把时间拉回 2001 年，时任延庆县委研究室副主任的孙思升，被县委组织部任命为千家店镇党委书记。此时，千家店镇丰富的旅游资源使踌躇满志的孙思升看到了良好的发展前景，他在该镇任党委书记期间，在县委和县政府的大力支持下，也曾带领班子成员为千家店镇旅游产业的发展挥洒过智慧和汗水。

**【解说】**

如今，千家店镇已经成为北京市乃至全国小有名气的著名旅游景区。景区包括一环、三区、十二个空间景点，涉及滨河环线 112 华里，"百里山水画廊"因此得名。风光旖旎的白河谷地和壮美的黑河峡谷孕育了神奇的硅化木群、峻秀的滴水飞瀑、神秘的乌龙峡谷、庄严的朝阳寺、古老的关帝庙和葱郁的大滩原始生态林，无不令旅游者心旷神怡、流连忘返。

孙思升担任延庆县市政管理委员会主任期间也做过一些扎实有效的工作。

# 三、欲望的河流

**【解说】**

人都是有欲望的，欲望是一把"双刃剑"。掌握公共权力者积极向上的欲望，会使欲望成为推动事业发展的强大动力。消极低俗的欲望，特别是对权力、金钱的追逐不加以克制，放纵欲望膨胀就会使掌握公共权力者萌发贪欲之念，丧失理智、失去节制，从而导致掌握公共权力者追求贪欲而不择手段，最终走向堕落的深渊。

**【采访 时任北京市延庆县检察院反贪局侦查一处处长霍阿强】**

在发现孙思升、韩文芃涉嫌犯罪线索后，考虑到孙思升系我县正处级干部，在县域范围内有较大影响，为了把案件办得扎实，我们没有直接接触孙思升，而是把工作重点放在收集固定罪证方面，全面收集了二人有罪、无罪以及罪重罪轻的证据。在此基础上我们接触了韩文芃，韩文芃供述了其伙同孙思升涉嫌贪污的整个犯罪事实，为案件的侦破奠定了基础。应该说孙思升、韩文芃二人的认罪态度具有天壤之别，韩文芃到案之后经过我们耐心做工作，韩文芃始终如实供述了他伙同孙思升涉嫌犯罪的整个犯罪事实。而孙思升的口供获取并不顺利，在其拒不认罪的情况下，我们对其采取了刑事拘留强制措施，在保释之前终于获取了孙思升涉嫌犯罪的整个供述。但在对其采取逮捕措施之后，孙再次否定了所犯罪行，并直至法院宣判时，一直否认其伙同韩文芃涉嫌贪污的整个犯罪事实。

## 【采访手记】

法律是由国家制定或认可的，是靠国家强制力保证实施的，法律具有刚性尊严和最低底线。有法可依、有法必依、执法必严、违法必究，是我国法制建设的基本原则。

人则有情，法无情。在职在位的党员干部，为人民做了一些好事，得到了社会各界的认可，理应受到人民的尊重和爱戴，并不意味着他就享有超越法律的特权，功过不能相抵。法律面前必须人人平等，普通人也好，为人民做过好事的领导干部也罢，一旦触犯法律，都必须接受应有的制裁。执法不严，不足以令以身试法者对法律有敬畏之心。违法不究，执法不严，不足以令天下百姓对法律抱有信赖之想。

# 四、同窗好友"同窗"服刑

## 【解说】

在孙思升贪污案中，有一个关键人物。他在孙思升需要的时候总能出现，他在自己精心编织的梦想中，织就了两个同窗好友触犯法律的牢笼。他就是这个案件中的同案犯——韩文芃。

韩文芃，男，北京市延庆县人，汉族，大专文化，曾任延庆县西屯中学教师、延庆县康庄中学教师、延庆县师范学校教师、延庆县第一职业学校教师，从1991年兼任延庆县职业高中育新电器修理部经理。2005年1月1日起，独立承包了育新电器维修部。2003年个人注册了北京沃尔塞网络技术开发公司，还开办了一个精益通达金属制品加工厂。

韩文芃，2010年4月4日，因涉嫌犯有贪污罪，被延庆县人民检察院依法刑事拘留，同年4月17日被逮捕。

**【采访 时任北京市延庆县检察院反贪局侦查二处副处长张振利】**

孙思升、韩文芃涉嫌共同贪污一案，是2009年我院在侦办延庆县市政供暖所原所长曹某涉嫌受贿一案时调查发现的，在侦办曹某涉嫌受贿一案时，我们发现在延庆市政供暖所有两笔可疑资金转入了韩文芃所控制的育新电器维修部，我们在对育新电器维修部的财务账目及银行账户进行缜密的侦查之后，发现了孙思升与韩文芃共同贪污延庆县市政管委公款的犯罪事实。

**【解说】**

2006年，经孙思升批准，将延庆县市政供暖所公款200070元分两次转入韩文芃个人承包的延庆县职业高中育新电器维修部账户，后韩文芃将该款转入个人银行卡中。

2008年，韩文芃将两人合伙所贪污公款245735元存入自己理财金账户。

2009年，韩文芃将两人合伙所贪污公款429000元存入自己理财金账户。

案发后，上述 874805 元已经全部被依法追缴。

**【解说】**

案件在审查起诉环节，延庆县检察院公诉处的办案人向孙思升讯问，你和韩文芃是什么关系？孙思升回答，是一届的同学，他有什么事或我有什么事都互相帮忙，我们互相之间比较信任。办案人讯问，你为什么把这些资金放在韩文芃那里？孙思升回答，他有企业，有账户。我对他比较了解，钱放在他那里安全，我放心，他不和别人说。孙思升几语道破了他和同窗挚友韩文芃之间的私密。

韩文芃依靠孙思升，帮助孙思升，两人相辅相成、配合默契，干的却是违法乱纪的勾当，一起套取国家钱财，成了两只狼狈为奸鲸吞国家财产的硕鼠，为法不容，为民唾弃，最终身败名裂，身陷囹圄。

**【采访手记】**

人生在世，不可能没有朋友，朋友如雾，能"雾里看花"，看出花蕾是如何绽放者，才是交友时的清醒者。

朋友之间，需要互相帮助，但交往中应该相互把握法律和道德底线。生意场上有句名言，只有永远的利益，没有永远的朋友。如果孙思升和韩文芃之间不被利益驱动，超越法律和道德底线的相互帮助，恐怕不会合伙违法犯罪、锒铛入狱。

# 五、法治的尊严

## 【解说】

法律的尊严，不允许任何人肆意践踏；法律的绳索，时刻在那守候触犯它的人。

2010年12月2日、12月3日、12月17日，延庆县人民法院依法开庭审理了孙思升、韩文芃贪污案件。

图片说明：北京市延庆县检察院公诉处
副处长贺玉宽接受采访

## 【采访 时任北京市延庆县检察院公诉处副处长　贺玉宽】

孙思升和韩文芃一案，案件移送起诉以后，在我们提讯的时候，孙思升和韩文芃两个人都认罪，因此这个案子在审查起诉阶段是顺利起诉的。但是根据孙思升和韩文芃在侦查阶段的供述情况我们意识到，在审判阶段他们一定会翻供，所以案件移送到法院之后，在开庭之前，孙思升的律师向法庭提交了两个笔记本，这是孙思升的工作记录，上面有两页涉及本案贪污款的去向问题，另外还提供了一组证人证言，这组证人证言是跟孙思升相关的一些证人，证实孙思升曾经准备在延庆渭河两岸购买农家院的情况，针对上述的证据，我们知道，孙思升一定会翻供的，孙思升会辩解自己隐匿的这80余万元是用来给上级机关或者其他人员用的。

**【采访 时任北京市延庆县检察院公诉处副处长　贺玉宽】**

为此，我们及时向院领导进行了请示，院领导指示我们进一步对上述的证据情况进行查证，证实本案孙思升隐匿的这80万元的去向是什么？是不是与上述问题有关？为此我们先后找到了北京市市政管委的相关领导，延庆县政府的相关领导，核实了孙思升是否曾经向上述领导提到过上述问题，针对孙思升这个笔记本记载的内容予以了否定。也就是证明了孙思升提供的笔记本所记载的内容，并没有向延庆县相关领导以及北京市市政管委的有关领导提过，进而也就证实了孙思升这两个笔记本记载的内容并不完全属实。

**【采访 时任北京市延庆县检察院公诉处副处长　贺玉宽】**

果然，孙思升在庭审当中拒不认罪，但是通过我们出示的证据，充分证实了孙思升伙同韩文芃共同贪污80余万元的犯罪事实。在庭审结束以后，法院仅用两个星期的时间，就对本案作出了判决。由于庭审前我们已经预测到了庭审当中孙思升可能要翻供，他翻供的依据就是那些钱的去向，就是他的笔记本当中记载的那些内容，因此庭审中我们向法庭提供了充分有力的证据，驳斥了孙思升的辩解，法院最后的判决采纳了检察人员的指控。

**【同期声 审判长】**

依照《中华人民共和国刑法》第 382 条第 1 款、第 3 款、第 383 条第 1 款第（一）项、第 25 条第 1 款、第 26 条第 1 款、第 4 款、第 27 条、第 64 条，最高人民法院、最高人民检察院《关于办理职务犯罪案件认定自首、立功等量刑情节若干问题的意见》第 3 条以及最高人民法院《关于审理贪污、职务侵占案件如何认定共同犯罪几个问题的解释》第 1 条的规定，判决如下：

一、被告人孙思升犯贪污罪，判处有期徒刑十二年。

（刑期从判决执行之日起计算。判决执行以前先行羁押的，羁押一日折抵刑期一日。即自 2010 年 4 月 3 日起至 2022 年 4 月 2 日止。）

二、被告人韩文芃犯贪污罪，判处有期徒刑五年。

（刑期从判决执行之日起计算。判决执行以前先行羁押的，羁押一日折抵刑期一日。即自 2010 年 4 月 1 日起至 2015 年 3 月 31 日止。）

在案扣押的人民币 874805 元，发还延庆县市政市容管理委员会。

如不服本判决，可在接到判决书的第二日起十日内，通过本院或者直接向北京市第一中级人民法院提出上诉。

**【采访 时任北京市延庆县检察院副检察长　高　涛】**

我院在查办案件的同时，积极开展职务犯罪预防工作，通过与发案单位召开座谈会，组织参观警示教育基地，通过近年查办案件的巡展等形式，加强警示教育。根据查办案件发现的管理漏洞，我们向发案单位下发了检察建议，帮助他们健全规章制度，完善管理，强化监督，促进发案单位党风廉政建设工作健康科学发展。

【解说】

孙思升、韩文芃违法犯罪后，被依法定罪量刑，充分体现了法治国家的法律威慑力，同时也再一次向我们敲响了警钟。

**【采访 时任北京市延庆县人民检察院副检察长　高　涛】**

从孙思升、韩文芃贪污案件，我们应该清醒地看到，近年来，一些重点岗位尤其是"一把手"岗位上频发的腐败案件，发人深思。剖析众多的腐败案件，我们不难发现，涉案者多手握重权，他们不能正确对待权力，把权力当成自己谋取私利的工具。又由于他们身居要职，以致下级监督不敢、同级监督太软、上级监督太远。权力监督的缺位，成为一些领导干部腐败堕落的主要原因。长期以来，我们对"一把手"的监督机制存在缺陷，对"一把手"监督不到位，对他们手中掌握的权力监督机制不健全。"一把手"搞腐败，带来的危害性更大。目前，对党政正职监督乏力，已成为反腐倡廉的一大"瓶颈"和软肋。

我们要着力构筑三道防线，筑牢"不想腐败"的思想道德防线、"不能腐败"的制度防线、"不敢腐败"的法纪防线，对腐败行为要实行零容忍，做到有案必查、有贪必惩，坚决把腐败分子清除出党、清除出公务员队伍。

【解说】

贪婪是一些人的天性，而手握重要权力者一旦贪腐，势必像一头出笼的猛兽，更是危害无穷。因此，加强对权力的监督、以制度预防腐败，建立健全惩治和预防腐败的长效机制，是党中央的要求，也是举国上下的共识。只有把权力关进"铁笼子"，让权力运行在阳光下，才能从根本上遏制腐败，建立高效廉洁的权力运行体系。

## 【采访手记】

巨贪养成，绝非一朝一夕；防微杜渐，更显至关重要。预防腐败的当务之急，必须改变一些地方和部门、一些关键岗位权力封闭运行的现状，最大限度压缩权力滥用的空间。因此，一方面，要通过完善制度，对容易发生腐败行为，过于集中的权力进行适度分解，加强权力之间的相互制约，坚决杜绝主要领导"一言堂"、"一手遮天"的现象；另一方面，加强对权力运行的规范监控，保证制度的严肃性、约束力，从根本上拉紧权力的缰绳，让人民赋予的权力真正为人民造福。

# 被摧毁的权力堡垒

## ——延庆县交通局原局长王新亮等贪污窝案访谈录

**总撰稿** 陈复军

**采 访** 陈复军 李建成 薛利顺 李艳霞

【解说】

延庆县地处北京市西北部，三面环山，一面临水。来到延庆县，"城在园中、园在城中、城园交融"的美景便扑入眼帘，真可谓"一城山水半城园"，这里气候独特，风景宜人，自古有北京"夏都"之美誉。

延庆县地处居庸关和八达岭要塞，历史著名的万里长城东西穿越县境，雄伟的八达岭高速公路、繁忙的110国道、现代化的城郊铁路S2线，沟通了延庆与外界的联系，提升了延庆社会经济发展的速度。

【解说】

随着北京市对延庆县经济社会发展的高度重视，延庆县委、县政府抢抓机遇，再谋发展。新制定的《延庆县十二五规划建议》，为延庆县的科学发展描绘了今后五年发展的总体目标：综合经济实力明显增强，居民收入全面持续增加，生态文明建设成果显著，宜居城市和美丽乡村建设取得重大进展，社会更加和谐稳定，改革开放进一步扩大和深化。

【解说】

这里是延庆县交通局。这些年来，交通局广大干部职工，从实际出发，突出行业特色，着力破解交通行业发展难题，努力打造现代交通、绿色交通、平安交通、阳光交通，为延庆县基础设施建设和社会经济发展也做出了一定的贡献。

【解说】

然而，事物的发展并不总是一帆风顺。在延庆县加大基础设施建设力度，大力发展经济相对薄弱领域的关键时期，面对大笔资金的投入，制度建设上的漏洞，一些当权者的贪婪之心悄悄萌动并迅速膨胀，他们开始处心积虑地构筑自己的权力堡垒，把手中的权力当成谋取一己私利的工具。当贪腐欲望冲出了理智，道德理念脱离了轨道，当初的成功和奋斗、善良和美好，都成了过眼烟云被抛在脑后，留给人们的则是无限的感叹和遗憾。

【解说】

群众的眼睛是雪亮的，当实权在握的贪婪者将黑手一次次地伸向公款的时候，中共延庆县纪律检查委员会先后收到中共延庆县委督查室、北京市纪律检查委员会转来的举报信，反映延庆县交通局原女工委员会主任、会计侯慧琴涉嫌贪污等有关问题。

　　根据对侯慧琴案件线索初步核实的情况，中共延庆县纪委决定，于 2010 年 3 月成立调查组，同时邀请延庆县人民检察院反贪局派员参加该调查组的取证和谈话工作。

【解说】

　　侯慧琴，女，中共党员，北京市延庆县人，汉族，大专文化，曾任延庆县公路运输管理所职工、县公路运输管理所副所长、县交通局女工委员会主任、县交通局会计。

　　2010 年 8 月 18 日，经中共延庆县纪委决定，对侯慧琴采取"双规"措施。

【解说】

　　2010 年 8 月 31 日，北京市人民检察院将北京市纪委移送的侯慧琴涉嫌职务犯罪的案件线索交延庆县人民检察院反贪局查办。

图片说明：时任延庆县人民检察院
检察长张铁军接受采访

**【采访 时任延庆县人民检察院检察长　张铁军】**

纪委决定将侯慧琴等人涉嫌贪污的犯罪案件移送我院后，我院对此案非常重视，加强领导，由主管反贪工作的副检察长带队，抽调精干力量，组成包括反贪局长、侦查处长在内的专案组。

因侯慧琴一案在纪委调查时，她就已经有所察觉，尽其所能采取了反侦查手段，与相关人员订立攻守同盟，销毁证据，转移财产，为侦破工作带来非常大的难度。但是，在专案组精心组织，周密部署下，一方面获取口供，另一方面查找外围证据，使案件迅速有了突破，扩大了线索，深挖了犯罪，有力地打击了犯罪分子。

**【解说】**

侯慧琴在法律的威慑和政策的感召下，陆续交代了自己违法犯罪的事实。随着侯慧琴涉嫌职务犯罪线索调查的不断深入，更大的黑幕也逐渐揭开——延庆县交通局原局长王新亮、原基建科科长史立君涉嫌职务犯罪的线索浮出了水面。

2010 年 9 月，北京市纪委决定对王新亮、史立君采取"双规"措施。

**【解说】**

王新亮，男，中共党员，北京市延庆县人，汉族，大专文化，2002 年 3 月至案发时任延庆县交通局党委书记、局长，正处级。

史立君，男，中共党员，北京市延庆县人，满族，大专文化，2007 年 7 月至案发时任延庆县交通局基建科科长，正科级。

延庆县交通局原局长王新亮、基建科科长史立君、女工委主任、会计侯慧琴相继被"双规"、后因涉嫌职务犯罪移送到县人民检察院反贪局查处的消息不胫而走，这在初秋的延庆县，顿时成了一桩爆炸性的新闻，令人们震惊和感叹。

**【解说】**

2010 年 10 月 25 日，延庆县人民检察院对王新亮、史立君、侯慧琴三人立案侦查，经过反贪部门的不懈努力，完全查清了三人违法犯罪的事实。

2011 年 8 月 29 日上午，延庆县人民法院开庭审理了被告人王新亮涉嫌贪污、受贿，史立君、侯慧琴涉嫌贪污案。

**【同期声 审判长】**

传被告人王新亮、史立君、侯慧琴到庭。

**【解说】**

通过法庭调查，这起延庆县交通局贪污窝案的来龙去脉便一一展现在人们面前。

2003 年年底，被告人王新亮、史立君乘延庆县交通局支付北京兴北辰光彩钢商贸有限公司承建的八达岭高速卸载站彩钢房工程款之机，预谋利用其主管延庆县交通局工程和工程款拨付的职务便利，共同非法占有该局工程款。之后由史立君以本局开支不好走账为由，与施工方负责人李某某商定将本局工程款 50 万元以支付彩钢房工程款的名义付给李某某，再由李将这 50 万元返还给本局。

2004 年 2 月，延庆县交通局支付了李某某承建八达岭高速卸载站彩钢房工程款共计 105 万元。同年 3 月 24 日，李某某将延庆县交通局多付的 50 万元工程款交给史立君。史立君告知王新亮多付给李某某的 50 万元工程款已经返回，二人各分得 25 万元。

**【解说】**

初试牛刀，便依靠职务上的便利轻而易举地得到了巨额不义之财，王新亮非但没有认识到自己的犯罪行为、就此收手，反而放任了自己的贪欲继续膨胀，想方设法贪污、受贿，变本加厉，铤而走险，最终使自己陷入泥潭不能自拔。

**【解说】**

2004 年，王新亮利用其主管该局工程款审批的职务便利，以给上级机关人员送礼拉关系的名义，指使史立君从工程款套取现金。

在 2004 年曹某某承揽该局张山营卸载站货物仓储设备工程的过程中，王新亮指使史立君采取虚构工程项目的方式，虚构了曹某某承揽该局八达岭高速和西康卸载站货物仓储设备工程的协议内容，将该局工程款 65 万元支付给曹某某。之后曹按约定，将其中的 61 万元及利息 87.84 元返还给交通局。

2005 年 4 月，王新亮利用其主管本局财务工作的职务便利与侯慧琴共谋将侯保管的该局账外公款 45 万元与史立君三人均分，并将自己分得的 15 万元交侯慧琴代为保管，并让侯将分给史立君的 15 万元交给史立君。史立君明知王新亮、侯慧琴与其共同侵吞本局账外公款，仍将侯慧琴所给 15 万元公款据为己有。

**【采访手记】**

此时的王新亮，已经完全忘记了岗位和职权是事业发展的需要，是党和人民的重托，岗位就是责任，权力意味服务。而是绞尽脑汁，拉拢亲信修筑权力的堡垒，趁着在职、在位大捞一把，毫无顾忌地干起以权谋私、权钱交易、贪赃枉法的勾当。

**【解说】**

2005 年 1 月，王新亮与侯慧琴共谋，用侯慧琴保管的交通局账外公款给侯个人购买小汽车。侯从该局账外公款支出 35600 元以谷某某的名义购买了奥拓车一辆。

**【解说】**

2003 年，耿某某承建延庆县交通局张山营治超站，王新亮知道市里拨给的经费有富余，便指使史立君将多出的工程款都以张山营治超站工程款名义付给耿某某，多余的工程款暂存在耿某某处。

2010 年年初，王新亮与史立君、耿某某商量，决定让耿某某拿回 20 万元，之后耿某某将 20 万元交给王新亮，王、史二人各分得 10 万元。

**【解说】**

2005 年，王新亮先后将本局张伍堡治超站工程、张山营卸载站路面硬化工程承包给北京市隆庆升建筑有限公司。在张伍堡治超站工程完工后，王新亮收到了该公司法人王某某以自己名字开户的一张银行卡，内存30万元人民币，其中的意思再清楚不过：感谢之前的"照顾"，期待下一次"合作"。果不其然，投入就有回报，"合作"很快就有了结果。2008年，王某某又获得了延庆县交通局白河堡综合检查站的建设工程。就这样，一来一往之间，官员和商人，各取所需，权力和金钱，达成"共赢"。

**【解说】**

从2003年到2008年，王新亮在担任延庆县交通局党委书记、局长期间，利用职务上的便利，伙同该局财务会计侯慧琴、基建筹备中心主任史立君，通过虚构工程项目、伪造合同手段共同非法占有公款1185600元，侯慧琴伙同王新亮、史立君共同非法占有公款485600元，史立君伙同王新亮、侯慧琴共同非法占有公款850000元。

3名被告人的行为均触犯了《中华人民共和国刑法》第382条之规定，涉嫌贪污罪。

被告人王新亮利用职务上的便利，收受承揽该局工程的北京市隆庆升建筑有限公司法人王某某行贿款30万元，其行为触犯了《中华人民共和国刑法》第385条之规定，涉嫌受贿罪。

**【采访手记】**

是金钱的诱惑使贪婪者垂涎欲滴，是贪婪和侥幸心理驱使王新亮与下属共同构筑起利益集团，是权钱交易断送了3名干部的政治命运和大好前程。在庄严肃穆的法庭上，公诉人依法对被告人王新亮、史立君、侯慧琴提起公诉的厚厚卷宗，记录着贪婪者从私欲膨胀到权钱交易，从东窗事发到银铛入狱的蜕变之路。身陷囹圄带来的不仅是无限的悔恨，也给3个家庭带来了难以抑制的伤害和痛苦，更给我们的党员干部敲响了警钟。

站在被告席，面对着庄严的国徽，也许被告此时内心的真情实感，能给我们更多的启示和感悟。

**【同期声 审判长】**

被告人王新亮，根据刑事诉讼法的规定，你还享有最后陈述权，通过一天的法庭调查，本案的事实基本清楚，你可以根据自己的行为，说一下你自己的意见以及现在对自己行为的认识。

**【同期声 嫌疑人　王新亮】**

尊敬的审判长、审判员、各位陪审员、书记员，尊敬的检察官，以上公诉人公诉我的犯罪事实和我交代的一样，我认罪伏法。从去年9月到现在，将近一年的时间，在这一年的时间里，我受到了检察院领导对我半年的帮助教育，受到了看守所管教和民警的帮助教育，同时在这段时间里，我对我的犯罪事实也进行了深刻的反省，通过对自己犯罪事实进行反省，自己认识到自己犯罪有以下这么几点：

第一，自己平时学习不够，特别是对法律法规的学习和党风廉政建设的学习。虽然延庆县几次提拔教育，我也参加了学习，党风廉政建设是大会讲了小会讲，包括我们局里开会也经常讲。但是，我自己没有把学习和自己的实际工作结合起来，现在总结起来，自己确实是一个知法犯法的"党虫"。

第二，平时对自己要求不严格，特别是在工作期间，没有用一个共产党员的标准来严格要求自己，没有用一个公务员的标准来严格要求自己，更没有用一个领导干部的标准来严格要求自己。自己总认为自己从政时间长，工作经验多，自高自大，对别人是实行马列主义，对自己是自由主义。由于自己对自己要求的不严格，使自己不该拿的拿了，不该得的得了，不该要的要了，导致自己走上了犯罪的道路。

第三，忘根忘本，忘记党的培养。我本身出生在一个偏僻的小山村，五里坡村，我们那时候上中学到山下读书，当时我们姊妹三个一块读书，由于家里贫穷，我勉强读完了初中就回家务农，后来到乡镇企业工作，到乡政府，后来又到县城机关，又到延庆经济部门工作，后来又到交通局工作，将近30年，在这30年当中，我确实也为党国的事业做出过贡献。但是，党也没少给我荣誉，特别是我到交通局工作，工作条件也好，环境也好，我自己就开始比吃、比穿、比阔气，沾上了一些腐朽堕落的东西，忘记了自己出生的家庭贫穷，忘记了是党把一个农村的不懂事的孩子一步一步地培养走上了领导岗位。我自己没有把党和人民交给我的权力全心全意用在为人民服务上，反而用在了为自己窃取私利上，现在回想起来，自己确实是对不起父母的养育之恩，更对不起党对我多年的培养。我所犯的罪给社会、给家庭、给我走过的单位都带来了很坏的影响，我现在确实是后悔莫及，我愿意接受司法机关对我的任何处罚，我愿意将我的犯罪事实作为反面材料，教育全县党员干部遵纪守法好好工作，不要向我学习。由于我年龄也大了，身体也不太好，恳求司法机关给我一个改邪归正、重新做人的机会，给予我宽大处理。谢谢！

## 【采访手记】

任何一名贪官，都不是与生俱来的贪腐。昔日的王新亮，从一名乡镇企业的工人、司机到副厂长、厂长，直到延庆县交通局局长、党组书记，对党和人民的事业曾经做过一定的贡献，也曾有过无数的光荣和骄傲。我们在网上查阅到《中国交通报》的一篇这样的文章——《赤诚的情怀无声的奉献来自北京治超一线的报道》。报道中有这样一段文字："王新亮，延庆县交通局局长，县治超办主任，他既是儿子又是父亲，年近九旬的老父亲重病住院他没时间管，自己的儿子中考他更是顾不上……他高超的协调能力和指挥艺术，令人由衷折服，延庆治超始终走在全市的最前列。"如果他能持之以恒、戒除贪欲、立党为公、做官为民，我们相信，他可能为社会做出更大的贡献，有着更好的前程。然而，面对金钱的诱惑，怀揣着侥幸心理，王新亮走向了人生的反面，也把自己的同事、部下一步一步地带进了犯罪的深渊。严肃的法律留不得半点私情，昔日的功劳，终不能抵消今日的罪过。

**【同期声 嫌疑人　史立君】**

尊敬的审判长、陪审员、书记员、公诉人，首先我认罪，因为自己平时法律知识淡薄，以致今天走上犯罪的道路，自己非常后悔，对不起组织多年的培养，对不起家人。"双规"期间，我能够积极主动交代自己的问题，节节退让，恳请法庭能够对我从轻处罚，给我重新做人的机会，早日回归社会，回报社会，回报父母、妻子、家人和朋友。

**【同期声 审判长】**

下面由被告人侯慧琴做认罪陈述。

**【同期声 嫌疑人　侯慧琴】**

我有罪，我认罪，作为一名国家工作人员，我没有树立正确的人生观和价值观，在贪婪与侥幸的心理作用下，我无视党纪，践踏国法，成为党和祖国的罪人。我对不起多年以来对我培养教育的党组织，对不起对我寄予殷切厚望的家人，对不起那些关心惦念我的亲人和朋友，更对不起曾经关心支持我工作的单位同事，我向他们表示深深地忏悔。

在这里我也衷心地恳求司法机关，在条件允许的情况下，对我作出从轻的处罚，我想早日回到社会，早日回到亲人身边，我会用我智慧的头脑，用我辛勤的双手去创造更多的价值，来洗刷我所犯下的罪行。我也更想早日回到亲人身边，我的父母已年近古稀，我的孩子尚未成年，还在读小学，我想早日回到他们身边，尽我一个作为女儿的孝顺和赡养父母的义务，尽我一个作为母亲的抚养教育孩子的责任。

我有罪，我认罪，我虚心接受司法机关对我作出的一切惩罚，通过这次惨痛的教训，我会时时刻刻提醒我自己，也想提醒我身边所有的人，所谓"人行旅于人世"，就要走人世间一条堂堂正正的做人之路。

## 【采访手记】

采访中，我们见到了侯慧琴的忏悔书。作为一个母亲、一个妻子、一个女儿，侯慧琴的忏悔多了许多女性的细腻。她回顾自己的成长经历，没有忘记自己父母是地地道道的农民的艰辛，没有忘记自己当初以全乡第一名的成绩考取了北京市交通学校的骄傲，没有忘记自己在工作岗位上兢兢业业工作的自豪。她剖析了自己因岗位的变换、心灵的扭曲、思想的错位而追逐名利、贪图物欲、走向犯罪的罪恶历程，无地自容、痛彻不已，她泣不成声："我深知世上没有卖后悔药的。"她悲痛欲绝的哭泣，她对自由的渴望，她处于心灵深处的真诚忏悔，再一次为手握实权的干部敲响了警钟。

## 【解说】

莫伸手，伸手必被捉。延庆县交通局窝案的三名被告人违法犯罪的事实直观地告诉我们，贪婪者只因一念之差，就可能与自由一墙之隔。再巧妙的伪装，再诡秘的手段也逃不过法律的慧眼。再隐蔽的罪恶，也躲不过正义的阳光。人有情而法无情，听到违法者痛心疾首的迟来忏悔，有谁不痛彻的反思？有谁不为他们惋惜？见到违法者失去自由忧心如焚的神态，见到违法者给家庭带来撕心裂肺的悲痛，有谁的心灵不会震颤？违法者的不归路应该是后人的前车之鉴。

**【采访 时任延庆县人民检察院检察长　张铁军】**

通过查办我县交通局王新亮等人职务犯罪窝案，发现交通局在党风廉政建设工作中存在一些薄弱环节。

一是廉政教育不到位。部分党员领导干部法制观念淡薄，人生观、世界观、价值观扭曲，个人私欲膨胀，生活作风差，影响恶劣。

二是制度不完善。工程建设项目管理混乱、粗放，工程发包过程中严重违反招投标法等有关国家规定，部分工程项目应招标而未招标，应公开招标却邀请招标。存在违规收费，私设"小金库"现象。

三是监督不到位。对主要领导的监督乏力，致使个别领导大权独揽、独断专行。对关键岗位、重点人员的监督约束力度不够，致使财务、基建等两个重要部门负责人在金钱和权力面前丧失原则，最终出现集体贪腐窝案。

我院在查办案件的同时积极开展预防职务犯罪工作，通过与县交通局召开座谈会，组织参观警示教育基地、预防渎职侵权职务犯罪展览等形式加强预防职务犯罪警示教育，根据查办案件发现的管理漏洞发出检察建议，帮助健全规章制度，完善管理，强化监督，促进交通局的党风廉政建设工作健康科学发展。

**【解说】**

2011 年 12 月 12 日上午，北京市延庆县人民法院依法对被告人王新亮、史立君、侯慧琴作出一审判决。

**【同期声 审判长】**

一、被告人王新亮犯贪污罪，判处有期徒刑 13 年，犯受贿罪判处有期徒刑 10 年，决定执行有期徒刑 17 年。

二、被告人史立君，犯贪污罪判处有期徒刑 11 年。

三、被告人侯慧琴，犯贪污罪判处有期徒刑 10 年 6 个月。

图片说明：时任中共延庆县委员会常委、纪律
检查委员会书记孟振全接受采访

**【采访 时任中共延庆县委员会常委、纪律检查委员会书记 孟振全】**

交通局这个案子，社会关注度高，影响大，对腐败分子有很大的威慑力。

我们将继续保持查办案件的高压态势，进一步拓宽群众参与反腐倡廉工作的渠道，加大信访举报工作力度，积极排查案件线索，健全反腐败协调工作机制，密切纪检与检察、公安等部门的合作，形成办案合力，坚决查处违纪、违法案件，对腐败分子严惩不怠，绝不姑息，维护党纪国法的尊严，以反腐败的实际成果取信于民。同时，要发挥查办案件的治本功能，做到查办一起案件，教育一批干部，健全一套制度，解决一类问题，杜绝同类问题的发生，防患于未然，为延庆社会经济发展提供坚强的政治和纪律保障。

## 【采访手记】

"秀丽小城荒唐事，一棵藤上三苦瓜"。严肃的法庭对王新亮贪污窝案的审判，惊醒了违法者图谋不轨的美梦，宣告了王新亮、史立君、侯慧琴以权谋私的权力堡垒被彻底摧毁。延庆县交通局窝案的惨痛教训告诫我们：手握实权的领导干部要常怀敬畏之心，时刻保持拒腐防变的自制力。切记：官有所畏，业有所成。

# 四名技装科长的"滑铁卢"

## ——南京市教育系统贪污窝串案访谈录

**总撰稿　陈复军**

**采　访　陈复军　刘　军**

### 【采访手记】

人们常说，"朋友多了路好走"。但对公职人员来讲，朋友也并非"多多益善"。讲友谊，重感情，人之常情，无可非议。但是如果以友情代替原则，就容易是非不分，使朋友关系演变成钱权交易。更何况，有一些所谓的朋友看重的只是你手中的权力，当你的权力有变，这些朋友就会"树倒猢狲散"。近朱者赤，近墨者黑。公职人员交什么样的朋友，往往就能影响自己的前途和命运。可见，在朋友的钱物面前，一定要分清是非，不能来者不拒；霉变的友情往往是甜蜜的诱饵，朋友的"陷阱"更是无底的深渊。

### 【解说】

在每一个区教育局有一个科室，叫技术装备科，这个科室主要是负责辖区内教育系统的教学器材装备的采购。这几年我们国家对于教育是日益重视，各个学校的教育器材装备采购幅度是大大地增加，小小的教育装备科科长手中的权力也就不可小视了。权力是社会的车轮，法纪是权力的轨道。车轮一旦脱离了它的运行轨道，弄权者必然受到惩罚。南京市秦淮、栖霞、玄武、鼓楼四个区教育局技术装备科的科长均因权钱交易而落马，这条爆炸性的消息，轰动了南京市教育系统。

**【解说】**

这里是奉命承办此案的南京市秦淮区人民检察院反贪局。办案检察官告诉我们，这起串案的侦破要归功于一封举报信。

图片说明：南京市秦淮区人民检察院反贪局谢福春接受采访

**【同期声 南京市秦淮区人民检察院反贪局　谢福春】**

按照规定，我们对实名举报要立刻调查处理的。当时，我们收到这个实名举报信以后，看到举报的就是我们秦淮区的教育局技装科科长付力平。

**【解说】**

付力平，秦淮区教育局技术装备科科长，此人在这个位置上已经干了8年，资格非常老。

图片说明：南京市秦淮区人民检察院反贪局侯国松接受采访

**【同期声 南京市秦淮区人民检察院反贪局　侯国松】**

他举报的内容就是他在参与招标的过程当中，发现个别区县负责招标的这些负责人，在操纵这个招标过程中，利用个人的影响力来改变中标结果。

**【解说】**

举报人举报，秦淮区教育局技术装备科科长付力平涉嫌在招投标过程中滥用权力，收受供应商贿赂。举报人特别强调，自己与一个中标的老面孔是同行，可自己的产品再好，价格再低，都中不了标。据此检察官立即展开了初查。他们首先调取了付力平的存款和购房记录。

**【同期声 谢福春】**

没有什么异常，他有一套房产，虽然比较大，但是没有什么异常。另外还有车子，他个人名下车子有一辆本田

CRV，大概价值 20 万元左右。银行存款加起来也不多，10 万元左右。

【解说】

虽然付力平的财产情况并没有异常，但是这并不能完全说明问题，检察官决定从这几年的招标采购数据入手，展开调查。

【同期声 谢福春】

就到市教育局调取了秦淮区和其他部分区县的资料，因为防止打草惊蛇，其他区县的我们也调取了一些，这几年他经手的教学装备采购的情况。然后通过调取的采购情况我们发现了问题，非常吃惊。

【解说】

根据教育局提供的材料，检察官发现，几年以来，教育系统通过招标形式采购的各种物资、器材数量非常大，门类众多，检察官很快就发现了疑点。

【同期声 侯国松】

在某一类的电子产品当中，经常是这一家厂商中标，无论是与他同样参与竞争的那些品牌是什么样的品牌，什么样的厂商都是他来中标。

【解说】

办案人员根据举报人提供的线索，首先从一家屡次中标的公司入手，传唤了这家企业老板。

【同期声 谢福春】

电子企业老板就供述了，他为了做这个利润，会按照他获得利润的多少，每年分给付力平好处，总共加起来有4.8万元现金，送了这么多，还有什么苏果券、茶叶。

## 【采访手记】

贪官总是相信行贿人是好朋友，双方有着根深蒂固的利益关系，绝不会暴露隐情。殊不知"大难临头各自飞"是人类的本性，别指望其他人保障自己的安全，只有自己保持清正廉洁，才能保障自己的安全。

## 【解说】

这位老板虽然和付力平关系密切，但是他很快就把其中的猫腻全部招供了，平时称兄道弟的所谓铁哥们，这时都不管用了。

## 【同期声 谢福春】

你拿我钱了，我从人格上等于我也瞧不起你。所以说，我们找他的时候，他讲，我们想？我们挣点钱也不容易，也不想给他，但是你不给他，他脸很难看。

## 【解说】

很快，付力平就被检察机关传唤。

## 【同期声 侯国松】

第一次他是拒不承认自己的一些事实。

## 【同期声 侯国松】

他自己讲他自己非常清廉，还谈了自己退还别人一些钱物的事实。

**【解说】**

嫌疑人拒不承认，办案人员决定通过证据说明问题。根据行贿人提供的情况，在对付力平的住所进行搜查以后，办案人员查获了大量物品。

**【同期声 侯国松】**

还提供了一些他送给他的一些实物上的东西，包括一些电子类产品，比如彩电、DV机，笔记本电脑。

**【同期声 谢福春】**

很明显，当时送的苏果券就在他的包里面，包里面还有一些现金，大概是1万多块钱现金。

**【解说】**

现场查获的大量物品和行贿人反映的情况完全一致。可是，这个付力平并不好对付，他只承认自己拿了一些苏果券和茶叶，其他情况拒不交代。检察官根据掌握的材料和他斗智斗勇。

**【采访手记】**

当贪官察觉到检察机关掌握了他犯罪证据的时候，往往避重就轻交代一些无法隐藏的犯罪事实，企图蒙混过关。然而，法网恢恢，疏而不漏。再狡猾的狐狸也逃不脱猎人的眼睛，法律的绳索正在黑暗中等待着触犯他的人。

**【同期声 谢福春】**

问他你们家的液晶电视，壁挂式哪来的？他说我自己买的，他开始不承认收的，说我从苏宁买的。从哪？山西路苏宁电器买的，我们讲有没有发票？什么时候买的？价格多少？因为他没有经手，他是推断，说花了3000多块钱。

**【解说】**

检察官已经查获了当初行贿人购买彩电的发票，发现付力平的说法明显存在漏洞，因为这台42寸的液晶彩电，当时的价格高达11000元。最后，付力平的心理防线开始崩溃，他如实向检方交代了29次收受43.97万元贿赂的犯罪事实，其中很多行贿的场所就在教育局的办公室，其胆量之大令人咂舌。不仅如此，他购买汽车也要供应商埋单。

**【同期声 谢福春】**

带这个老板去，这个老板平时请他吃吃饭，给一些小恩小惠，他觉得不是很满足的。车定下来买了以后，因为他买车不想掏这么多钱，他带他的目的也是很明确的，他出门就说车子贵了。

**【同期声 侯国松】**

他就讲自己钱不够，那供应厂商也就了解，你带我过来，又讲自己钱不够又不是量力为出，他就知道，他说那这样子，要不我先给你准备一部分。

**【解说】**

就这样，这位老板不得不掏了10万块钱帮付力平买了车。当然拿人手软，吃人嘴短，付力平当然要给这些行贿人回报。

**【采访手记】**

个人买车、买房、外出旅游、购买高档消费品等找人买单，是手握实权的公职人员敛财的一种套路，自以为天衣无缝，实则是自取证据，自投罗网。

**【解说】**

按照规定，教育系统的采购必须通过招标。那么付力平如何让这些行贿人每次都中标呢？

**【同期声 侯国松】**

首先向他们提供信息，比如说，某个区县或者某个学校要围绕某一个电子产品进行新装或者架设。

**【同期声 谢福春】**

最关键的，招标文件上有一个技术方案或者是技术标底，这个是核心部分，这部分付力平不但让供应商知道，而且就让供应商做。你想他过去以后，第一个方案他做的，然后盖上章，到付力平那，付力平原封不动，把这个作为招标文件的附件报到了市教育局招标中心。那么对外招标的时候，这个厂家具有多大的优势？

**【同期声 侯国松】**

在议标的过程当中，他作为用户代表，就是采购方的代表，他有一个用户意见，他这一块分数，一方面他对自己关系厂商打分会很高，另一方面他还会影响其他一些专家评委的意见。

**【解说】**

就这样，个别供应商在招标中屡屡中标，其他的供应商只能望洋兴叹，不仅如此，秦淮区人民检察院又顺藤摸瓜，先后查办了其辖区教育局技术装备与勤工俭学办公室原主任包华、玄武区教育局技术装备办公室原主任陈福刚、鼓楼区教育局计划财务与装备科原副科长陈友强，这四位科长的作案手法几乎一模一样。2010年9月，这四名科长因犯受贿罪，分别被秦淮区人民法院判处有期徒刑五年六个月至十二年的有期徒刑，并处罚金。涉案的赃款、赃物全部收缴国库，教育部门的四名科长同时滚鞍落马，其中的教训令人深思。

**【采访手记】**

暗箱操作招标过程，朋友的公司一定胜出，招标过程就是一个权钱交易的过程。制度的不健全，给贪官的 "贪" 预留了一条通向贪腐的通道，也是贪官走向灭亡的通道。堵住通道，就是挽救我们的干部。

**【同期声 谢福春】**

对他这个岗位没有有效地监督，有的时候有制度，但是没有人去监督。

**【同期声 王福坤】**

一个是缺少监督，你技装科科长，好多事情不给教育局汇报，自己就定下来了。

**【同期声 陈瑞婷】**

据我们了解，我们所查办的这四个区县的科长，至少有3个人平常是基本上都在一起，就是到一起吃饭，跟这些供应商吃饭，包括一些其他的场所，唱歌，包括洗澡。他们的交友圈已经不是很纯洁了，就是和供应商和其他区县的这些人，天天玩在一起。

**【采访手记】**

我们调查发现，有不少公职人员陷入了结交朋友的陷阱。这些公职人员把朋友作为"自己人"，认为与朋友交往"靠得住"，收受朋友钱物不会出问题，是"礼尚往来"，甚至有的公职人员把与老板、大款交朋友作为敛财的一个渠道。因此，他们在朋友"糖弹"进攻面前丧失原则，是非不分，进而发展到钱权交易。而一些人也往往利用这些公职人员的弱点，利用好朋友的外衣进行感情投资，拉拢腐蚀公职人员，从而使公职人员丧失警惕，不知不觉被朋友牵住了"牛鼻子"。

**【采访 南京市人民检察院研究室主任　刘　军】**

综观南京市教育系统这起受贿窝串案，暴露出目前教育设备采购招投标过程中存在着规避招标、虚假招标、串标、围标等违规违法行为，教育主管部门在招投标管理、监督、制度上存在着不少问题和漏洞：一是管理不严，工作流程简单，制度不健全，落实不到位；二是关键岗位权力过分集中，缺乏必要的监督；三是关键岗位人员在同一岗位任职时间过长；四是关键岗位工作人员私欲膨胀，盲目攀比，心理失衡，法制观念淡薄；五是工作人员暗箱操作，围标、串标现象严重，招投标过程形同虚设。

**【采访 南京市人民检察院研究室主任　刘　军】**

暗箱操作、收受贿赂等腐败行为，严重影响了招标制度的严肃性和公信力，甚至某些地方、某些领域的招投标制度已经流于表面形式，背离了招投标制度设立的初衷。

随着教育事业的长足发展，教育行业作为一类特殊的市场消费群体，每年采购大量的教学资料、教学设备、办公用品等，形成了一定规模和巨大潜力的教育消费市场，引起众多商家的激烈竞争。近年来供货商与招标单位某些实权人物背地里暗搞权钱交易已屡见不鲜，教学设备采购中的职务犯罪呈明显上升趋势。

**【采访 南京市人民检察院研究室主任　刘　军】**

教育主管部门要对教育教学设备采购的调研、论证、实施计划、招投标过程等环节，加强内控体系的建设。科学分权，公开量权，实施全程监控，遏制和减少职务犯罪，尽量避免此类案件的发生。切实加强对基层教育管理部门管理、监督力度，坚决打击招投标方面的职务犯罪，实施阳光招标，真正让招投标工作的权利在阳光下运行，真正实现招投标工作的公平、公开、公正。

图片说明：作者采访湖北省人民检察院常务副检察长、
全国检察业务专家、博士生导师徐汉明

**【采访 时任湖北省人民检察院常务副检察长、全国检察业务专家、博士生导师　徐汉明】**

教育部门职务犯罪是当前的一个热点问题，它的惩治和预防也是方方面面都是非常关注的问题。去年湖北省委组织部专门就大中小学校的职务犯罪预防问题，组织进行了培训。

从检察机关查办职务犯罪的情况来看，教育领域的职务犯罪主要集中在几个方面，比如教材、设备的招标采购，还有招生环节的收受贿赂，再就是在教育行政管理过程中以权谋私，还有学校，尤其是高等院校在征地建校过程中基建领域的职务犯罪。

教育领域的职务犯罪成因我们做过分析，也是非常复杂的，那么怎么预防（教育领域）职务犯罪呢？许多专家、学者在致力于这方面的研究。比如清华大学、华中科技大学的公共管理学院，还有南京大学、浙江大学等。检察机关和纪委部门有专门的职能机构、专门的人员从事这方面的研究。我们认为，就从教育设备、设施、教材招投标采购过程当中的职务犯罪预防，需要把握好几点：

第一，就是要做到采购管理权能够公开，要多层面加强监督，比如设备的采购、招标、投标等，真正做到权力的有序分离和权力运行的公开。最近在湖北地区的高等院校它采取一种模式，叫情景式预防，就是把学校的若干岗位进行了评估，看哪个环节的职务违纪、违法的风险比较高，那么进行等级设计，然后有一系列的措施进行控制，也叫内部的控制体系建设。对岗位人定期地进行观察，看他们的行为举止，八小时内外的表现，和他们的收入支出的状况是不是有明显的不符，然后采取措施，有针对性地教育、引导。

第二，有苗头的进行诫勉谈话等，从根本上、源头上，基本是从制度安排方面，来有效地预防职务犯罪。比如在基层的教育管理部门，怎么样防止他们以权谋私，利用行政管理权收受贿赂等。所以，我们认为当前的情况下，要在教育领域职务犯罪预防方面进行一些探索，尤其是预防模式、预防机制、预防制度等，真正从源头上来减少职务犯罪的发生，在某些环节切断犯罪的根源。这方面应该说全国各地检察机关会同教育部门、行政主管部门，还有组织人事部门做了大量的工作，做了很多很好的探索，这方面的经验应该总结推广，逐步地把这项工作抓好。

**【采访手记】**

教育行业如此，其他行业也就清水衙门、洁净无比了吗？目前，行业招投标过程中存在的暗箱操作和职务犯罪现象，值得人们警惕和反思！

# 群众利益无小事

## ——民生领域职务犯罪典型案例访谈录

**总撰稿　陈复军**

**采　访　陈复军　刘　军**

【采访手记】

中科院在《2012 中国可持续发展战略报告》中指出：我国还有 1/10 人口处在贫困线之下。习近平总书记强调："对困难群众，干部要千方百计帮助他们排忧解难。"习近平总书记的讲话不仅表明了中央对待困难群众的态度，也对基层干部提出了要求，加强对涉及民生领域资金的管理，保证把每一分钱都用在人民群众身上，正是责任所系，使命所托。

**【采访 南京市人民检察院政策研究室主任　刘　军】**

近年来，全国各地陆续出台了一些惠民政策，在党中央、国务院积极推进农村城镇化建设，切实落实减少农民负担，努力改善农民生活条件的政策环境下，仍有一些利欲熏心者，把罪恶的黑手伸向了弱势的困难群众。南京市六合区竹镇金磁村的村官，昧着良心把贪欲之手伸向了"万亩良田"项目资金。

字幕

# 伸向"万顷良田"的"黑手"

## 【解说】

在六合区竹镇金磁村，人们提到孙翠平，村民们大多都认识并熟悉，在村民们的眼里，孙翠平是个低调老实的人，但是再想深层次地了解她，村民们似乎欲言又止。

### 【同期声 采访人】

她这个人为人怎么样？

### 【同期声 群众（女甲）】

为人很好的。

### 【同期声 群众（女乙）】

人品道德都蛮好的。

### 【同期声 采访人】

蛮好的是吧？

### 【同期声 群众（女丙）】

对。

### 【同期声 采访人】

那她家庭条件怎么样？

### 【同期声 群众（女丁）】

家庭一般化呀。

**【解说】**

让他们欲言又止的究竟是什么事呢？原来，在 2013 年 4 月的时候，孙翠平被判刑入狱了，当消息传开的时候，村里炸开了锅，大家怎么也没想到，一个工作勤勤恳恳的老会计，突然犯罪了，甚至有人觉得她是不是替人背了黑锅。

**【同期声 群众（男甲）】**

工作很雷厉风行，账目搞得也不错，人很和气，虽说是咱们的领导，跟群众一样。

**【解说】**

那么，事情究竟是怎么样的呢？这一切还得从政府的一项惠民工程说起。数年前，江苏省国土资源厅为优化土地资源，推出了一项名为"万顷粮田"的惠民工程，推行的具体措施就是对农村分散居住，占地较多的破旧房屋进行拆迁，提供新楼房给村民居住，整治荒芜杂乱地块，大幅度提高农田面积。六合区作为省首批试点地区，2008 年 9 月率先启动了这项工程。这本是一件造福于民的好事，然而有些人却对此动起了歪脑筋，让"万顷粮田"这项惠民工程成为自己谋财敛财的好门路。而孙翠平在村中就掌握着所谓的财政大权。

**【同期声 采访人】**

账目不对是吧？

**【同期声 群众（女甲）】**

对，她这账做了，只是捧给你，你签字就拿钱，不签字就不能拿钱。

**【解说】**

推行一项新的工程首先就是拆迁，拆迁当中政府要对集体资产和村民的一些私有资产进行补偿。金磁村村委会的几位领导发现了敛财的机会，于是便开始行动。行动的第一步就是虚报集体资产。

**【同期声 本案办案检察官】**

包括道路或者塘坝、桥梁这些补偿，他们就派人实际去测量，把这个数字统计回来之后，就经过他们自己的加工，虚报了一个数字，然后往镇子上面报。

**【解说】**

孙翠平在其中主要负责做假账，因为这笔钱是要打到被补偿村民的账户里，所以，虚报的数字要与村民的户头对上号，但是又不能让被补偿人知道，这该怎么办呢？颇有经验的孙翠平想到了办法。

**【同期声 本案办案检察官】**

会计说"那个谁，把那个身份证借我一下"，然而一扭头她就去开了一个户，这样到案发的时候，会计手上有8份到10份存折，名为代收款项，实际这钱就是他们虚报过来的钱，而当事人根本不知道，就是说，这些存折上写着他们名字的人，根本不知道自己有这么一个存折。

**【解说】**

借村民的身份证开个账户，虚设需要补助的户头，这笔钱自然就落入了村委会的小金库里。

**【同期声 本案办案检察官】**

从这个折子的性别来看是个女的，但是经过我们调查，并不是户主，所以说这个折子就是由会计来保管的。而上面所有名字为代收的金额，比如说这个日期，这个代收这个金额，根据我们调查就是当时石子路的补偿，而且石子路的补偿一般就是几百几千块钱，但是这一笔就有2万多元。

**【解说】**

行动的第二步，假青苗补偿，检察官在核查证据的时候发现，这里的村民都表示，青苗补偿款都拿到手了，而且按照补偿标准查账，发现孙翠平的账确实没有问题。

**【同期声 采访人】**

就告诉大家多少钱一棵，还有多少钱一个平方，这个钱有没有少给呢？

**【同期声 群众（男）】**

这个没有少给。

**【同期声 采访人】**

没有少给？

**【同期声 群众（男）】**

对。

**【解说】**

那么孙翠平是如何套取这笔钱的呢？细心的反贪干警发现了账目上看似普通却很奇怪的标记。

**【同期声 本案办案检察官】**

这张表就是一个数目，一个青苗的赔付，然后按照数目和青苗的赔偿款都有一个明细账，并且有核资的数额，领完之后在上面签字，是凡她打钩的，像这个名字有1000多个，这个字就不是这个人签的，代签的，代签的就说明这个钱没有到这个人手上。就像这一页打钩的比较多，而且金额基本上都在1000元、2000元、3000元这样，其中打完这个标志的，她自己又注上"加户"，可能这些家庭没有需要补偿的，但是她加上去了，这样整个钱就落到小金库里面，像这样的，账上面有很多这样的情况，而且金额都会比较大一些。

**【解说】**

经过检察机关查证，青苗补偿总额是28万元，而实际上真正需要补偿的金额只有10多万元，也就是说孙翠平等人虚构出将近一倍多的补偿款。

行动的第三步，编造假坟头。

**【同期声 本案办案检察官】**

比如说那个坟，因为年久失修，这明明是土坟，她说这是石坟，多领了一些钱，因为它标准是差别蛮大的，从几百元到一千元不等。

**【解说】**

"万顷粮田"工程就这样成了金磁村村委会几个领导外加一个会计的摇钱树，他们通过上述的3个途径，共套取补偿款60多万元，这笔钱一直存放在村委会的小金库里，如果需要招待或者是自掏腰包的费用都从这里面套用，每到年底还取出一部分几个人平分。包括孙翠平在内的4个人，最多的一次每人平分了10多万元。然而世上没有不透风的墙，即使孙翠平等人做得再隐秘，也有纸里包不住火的那一天。2011年9月，六合区纪委接到举报信息，称金磁村村委会有人私设小金库。六合区纪委立即介入调查，同时六合区检察院反贪部门也提前介入。在了解情况后，反贪部门于2011年9月16日正式立案调查，反贪部门在调查后发现金磁村村委会早在2007年下半年就开始私设小金库，在推行"万顷粮田"工程之前，小金库存款就有20多万元。

**【同期声 本案办案检察官】**

有一年春节，是每个人分了1万元，领导班子成员一共分了6万块钱。还有一年，因为又过了一年了，每个人分2万元，到年底的时候每人分2万元，这样一共就是十几万元。

**【解说】**

案发后孙翠平认为自己的手段高明，检察机关查实不了真正的账目资金，企图以不知道、不清楚之类的答复来应对检察机关的调查，但这样的做法实际上太幼稚了，直到法院开庭审理时，孙翠平还在为自己叫屈。

**【同期声 嫌疑人孙翠平】**

我也没有认识到，我认为就是弄来钱分给大伙一些，没想自己一个人独吞这个补偿款。

**【同期声 本案办案检察官】**

村里面是一把手说了算，但是你作为一个会计，私设小金库的行为本身就是不对的，你还将小金库的钱私分掉，这更加是不对的行为。所以说不要总是侥幸，觉得钱来得容易，只是改改数字、动动笔这么简单。

**【解说】**

2012 年，法院对孙翠平等人涉嫌贪污一案进行了宣判。

**【同期声 本案办案检察官】**

私分掉这个小金库金额达到数十万元，所以就依照法院规定，这几名被告人，最后都被判处 5 年到 10 年不等这样的有期徒刑，孙翠平这个会计，鉴于她在犯罪中过程中的作用，和她本人的悔罪态度，最后是判处了有期徒刑 5 年零 6 个月。

**字幕**

# 164 万元拆迁补偿款"失踪"之谜

**【解说】**

习近平总书记指出：要让每一个干部牢记"手莫伸，伸手必被捉"的道理；要"见善如不及，见不善如探汤"。中央也曾经三令五申地要求党员干部"要心存敬畏，不要心存侥幸"。然而，仍有某些缺乏党性观念、私欲膨胀、意志薄弱的干部，在金钱的诱惑下，在公权力失去监督和制约的情况下，铤而走险、以身试法。

在南京市溧水区改善老百姓的生活环境、加强棚户区改造的过程中，杨某借助城镇化建设的机会，不是为民牟利，而是心存恶念，走上了违法犯罪的道路。

**【解说】**

5月底的一天，一些市民陆续来到溧水区某拆迁公司门口，大家情绪激动，口口声声说要讨个说法，这究竟是怎么一回事呢？

**【同期声 市民张先生】**

讲好的这笔钱5月底就给的，我到公司去，公司讲5月底给我，联系小杨，小杨又找不到，到现在欠我几十万元。

**【解说】**

张先生所说的这几十万元，是他房屋拆迁的拆迁补偿款。张先生称，当时拆迁公司工作人员杨某承诺，5月底来公司拿钱。可当张先生赶到公司时，公司负责人却说这笔拆迁补偿款就在办事员杨某手上，由杨某代发。于是，张先生赶紧打电话联系杨某，可怎么也联系不上，而与张先生有相同遭遇的还有另外4个人，他们的拆迁补偿款都在杨某手上。就在这个时候拆迁公司得到一个消息，更让在场所有人为之一惊，杨某已经很长时间没有来上班了。难道是携款潜逃？于是，拆迁公司迅速向警方报警。

**【解说】**

而此时，在从溧水区通往安徽的高速公路上，一辆小车正漫无目的地行驶着，开车的正是杨某。杨某眼前一片茫然，躲躲藏藏的滋味实在不好受，在得知自己已被警方通缉之后，杨某放弃了逃亡的念头，在家人的劝说下，5月27日，杨某向侦查机关投案自首。根据侦查机关初步调查发现，杨某在拆迁公司工作期间，以多种方式骗取公司财务高达 100 多万元。杨某究竟是何许人也？如此巨款他又是如何骗到手的，又用到哪里去了呢？

**【同期声 市民张先生】**

小杨是他们项目组的，我从拆迁签字、谈合同、谈补偿都是和小杨谈的，现在小杨找不到了。我把所有的材料都交给小杨了。

**【解说】**

原来从 2013 年 9 月开始，溧水区某拆迁公司安排杨某到该公司第二项目组从事东平高铁广场周边拆迁工作，除做拆迁后工作外，项目组还安排杨某负责与公司的联络，拆迁协议报审，领取拆迁补偿支票等工作。杨某称，2014 年 3 月一个好朋友找他借钱，而且还是一笔不小的数目，因为手头拮据，杨某感到很为难。

**【同期声 嫌疑人杨某】**

他说他缺钱，要借 20 万元。我说 20 万元没有，他说你那边不是有被拆迁户的钱吗？他说你先拿出来借一下，一个月左右就还。

**【解说】**

真是一语惊醒梦中人，杨某这才发现自己身边就守着一个大金库，由于杨某经办的拆迁户的身份信息复印件，以及拆迁款转账支票都掌握在他自己手上，而如何将这些转账支票变现，杨某动起了歪脑筋。第一步，他就是将转账支票转成活期存折。

**【同期声 杨某】**

转账支票和身份证拿到银行换成活期存折，变成活期存折之后就把活期存折全部交给我了。

**【同期声 本案办案检察官】**

就是所有活期存折全在你那是吧？

**【同期声 杨某】**

对。

**【解说】**

凭借着拆迁户的身份信息复印件，杨某成功地将拆迁款转账支票变成了活期存折。第二步，从活期存折中提取现金。根据行业相关规定，活期存折一次提取现金5万元以下是不用提供存折所有人身份证明的，为了降低风险，杨某采用分次多地提现的方式将现金提取出来。

**【同期声 本案办案检察官】**

再通过在南京溧水、安徽马鞍山等地邮政储蓄和其他银行把被拆迁户的拆迁款分次取出来。

**【解说】**

第一次成功取现之后，杨某非常兴奋，在朋友面前好好地风光一把，二话没说就把这些本不属于自己的这些钱借给了朋友。

**【同期声 杨某】**

当时就取了7万块钱给他，然后后面他又问我借的话，又借了几万元，总共借了11万元给他。

**【解说】**

可好景不长，朋友借的 11 万元迟迟都没有归还，杨某催要多次都没有结果，对方总是以各种理由搪塞，这时候杨某急了，因为他手上的拆迁款转账支票，很快就要交到拆迁户手上，在自己手上，短则一个星期，最长也就一个月，自己上哪去筹这 11 万元呢？如果被公司发现自己动用了这笔款项，后果不堪设想。眼看缴款日期日益临近，杨某铤而走险。

**【同期声 杨某】**

赌了几十次吧，两三天赌一次。

**【同期声 本案办案检察官】**

你每次去赌博都带多少钱去赌？

**【同期声 杨某】**

几万块钱。

**【解说】**

杨某想到了最愚蠢的筹钱办法，那就是赌，杨某如法炮制，又将转账支票提现后拿着数万元的拆迁补偿款去赌老虎机，可是十赌九输，短短一个多月时间，杨某先后在南京市区、溧水、马鞍山多地赌博 40 余次，杨某不停地将手里的转账支票提现，拆东墙补西墙，去填即将到期的拆迁补偿款留下的缺口，剩下的继续去赌。很快就将 100 多万元挥霍一空，而这些钱全部都来自拆迁补偿款和拆迁户的补缴房款。输红了眼的杨某为了翻本，想尽一切办法弄钱，他又在拆迁安置协议上做起了手脚。对于拆迁户来说拆迁补偿一般分为两种，一种是货币补偿，还有一种是申领安置房，杨某先后两次伪造拆迁户吴某的拆迁安置协议，将申领安置房改成货币补偿。

**【同期声 本案办案检察官】**

让被害人吴某签订这个承诺书，就是让吴某放弃村委会提供的安置房，进而他能够把这个房款转化成拆迁款，才能够去占有它。

**【同期声 杨某】**

拿多少房子，然后还剩多少钱，只要我们小组的组长和大组长签字，那么就可以把这个拆迁款领出来。

**【解说】**

为了达到目的，杨某还篡改伪造项目组分管负责人的签名，骗取拆迁安置补偿款42万余元，在花光身上最后一分钱后，万念俱灰的杨某踏上了逃亡之路，想一走了之。检察机关认为，嫌疑人杨某作为国家工作人员，利用职务上的便利，采用欺骗手段，非法占有公共财务，价值42.3万元，其行为已构成贪污罪，同时挪用公款121.8万元，归个人使用，其行为已构成挪用公款罪。

**【同期声 本案办案检察官】**

虽然杨某在本案中有自首情节，但是他至今都没有退赃，也没有能力退赃，另外杨某还犯有一个比较严重的情节，就是赌博，刑法上规定赌博是属于非法活动，那么非法活动作为一种刑法上的加重情节来认定的。

**【解说】**

11月18日，溧水区人民法院作出判决，被告人杨某犯贪污罪、挪用公款罪判处有期徒刑13年，没收财产人民币5万元，与此同时溧水区人民检察院向被害单位溧水区某拆迁公司发出检察建议，建议该公司在人事任用和财务审计上加强监管。

**【同期声 本案办案检察官乙】**

对杨某呢，作为一个临时聘用人员，就是不应该去经手这个拆迁补偿款，这个补偿款应该由财务部门和被拆迁户接触，让他们直接去银行或者财务部门领取这种款项。

**【采访 南京市人民检察院政策研究室主任　刘　军】**

建设社会主义新农村和加强城市化建设，事关全面建设小康社会的大局，是关系党和国家全局工作的根本性问题，坚决遏制各种腐败现象的发生，更是关系到党和国家生死存亡的重大问题。以上两个典型案例告诉我们：建立健全涉及民生领域资金的管理体制迫在眉睫，只有统一管理、统筹调配、公开透明、强化监管，涉及民生领域的资金才能及时发放到老百姓手上，发挥出最佳的社会效益。

**【采访手记】**

习近平总书记严肃指出："要强化公开，依法公开权力运行流程，让广大干部群众在公开中监督，保证权力正确行使。要落实党委的主体责任和纪委的监督责任，强化责任追究，不能让制度成为纸老虎、稻草人。"

　　强化公职人员的宗旨意识、服务意识、法律意识，逐步完善项目审批体制，增强项目实施的透明度，坚持强化社会监督和专门监督，严格规范财务制度，对资金的立项、拨付、发放、使用等环节进行严格审核，加强反腐倡廉建设，才能更好地预防和减少此类违法犯罪案件的发生。

# 法治的力量

## ——南京市秦淮区市容局贪污窝案访谈录

总撰稿　陈复军

采　访　陈复军　刘　军

**【采访 南京市人民检察院研究室主任　刘　军】**

我国刑事诉讼法规定：只有行为人口供，而没有其他证据证明行为人行为的，不能作为定案的法律事实。这个规定的实质是表明我国是一个法治的国家，从根本上避免了司法工作中曾经采用的疑罪从有的人治执法。

当今职务犯罪案件，特别是贿赂案件的侦查中，在还没能真正全面运用高科技侦查技术手段的情况下，案件的突破与认定，还主要依靠犯罪嫌疑人的口供和证人的证词。检察官通过讯问，获取有罪供词或无罪辩解以及证词，是职务犯罪侦查中最为关键的环节。实际办案中，不少嫌疑人抱定只要自己不说出来，检察机关就永远不能定罪的态度，死不认账；甚至有的涉案官员、律师和政法人员串通一气，教唆嫌疑人拒不交代，对抗法律。检察机关经办的许多案件，就是在较长时间的艰苦较量后，犯罪嫌疑人才开始交代自己罪行的。其实，促成其交代的讯问过程，就是检察官斗智斗勇，让嫌疑人发生心理变化的过程。

**【解说】**

一个为期不长的南京市秦淮区数字化改造项目，竟有原市容局局长崔纪存和原技术员朱士国等 4 名干部不择手段地从中捞取不义之财；一起情节并不十分复杂的受贿案件，检察官办案经历却遭遇了一波三折；从南京市秦淮区人民检察院初查、立案侦查、审查批捕、审查起诉环节，一直认为朱士国等 3 名被告人，有自首情节，认罪、悔罪态度较好，且归案后能积极退赃。因此，人民法院审理后，认定朱士国等 3 名被告人犯有受贿罪，从轻处罚，判处缓刑。

**【解说】**

但是，由于作案人思想中存在一个职务犯罪的误区："送钱、接钱是一对一，我死不认账，检察院没有证据，不能定罪。"于是，在人民法院开庭审理原市容局局长崔纪存受贿案时，崔纪存当庭全盘翻供。突然出现了被告人指控办案检察官刑讯逼供、诱供，令人十分震惊的局面。

随后，已经被量缓刑的朱士国写了《望组织给庶民撑起一片青天》的申诉材料，对本人的犯罪事实全盘否认，并指控办案检察官刑讯逼供、诱供，他在材料中起誓："这根本不是我的真实情况，是威胁和引诱下的成果。"之后，另两名已经被量缓刑的同案犯随之翻供。周某等 3 名证人也翻证，证人称证言是在检察官刑讯逼供下按照其要求作出的。

**【解说】**

行贿人向检察机关提供了自己在单位的考勤记录，称自己那段时间天天在单位上班，根本不可能来南京做什么事情。检察官调取了该时间段的酒店住宿记录和手机通话记录，也没有发现任何疑点。

被量缓刑的朱士国等3名同案犯，在向检察机关申诉的同时，还分别写了举报信，向全国人大、上级检察机关等有关部门举报，并在举报材料中对检察机关查实的行贿时间、金额等事实进行反驳、澄清。从他们举报资料的内容来看，该案就是一起南京市秦淮区人民检察院非法炮制的冤假错案。

一时间，南京市对这起群体性翻供案件舆论哗然，从而引起了各界媒体的广泛关注，同时也引起各界领导的高度重视。

接下来，让我们走进办案检察官，详细了解南京市秦淮区数字化改造项目受贿案的来龙去脉。

**【解说】**

根据举报人的材料，秦淮区某机关单位在 2007 年进行数字化改造，需要采购大量的技术装备，按照规定政府采购必须招标。当时这个项目的具体承办人名叫朱士国，最终，一家来自北京的信息系统公司最后中标。举报人称有人在整个过程中收受了贿赂。

**【解说】**

接到举报，秦淮区人民检察院立即展开调查。调查显示该单位 4 名工作人员在项目招投标过程当中，接受了北京某信息系统公司的贿赂。2009 年 2 月，秦淮区人民检察院向法院提起公诉，指控这 3 名被告人涉嫌受贿罪。法院经过审理，认定被告人朱士国犯受贿罪，判处有期徒刑两年，缓刑三年。被告人江某犯受贿罪判处有期徒刑两年六个月，缓刑三年六个月。被告人王某犯受贿罪判处有期徒刑三年，缓刑四年。而这家机关单位的一把手，局长崔纪存也在同年的 4 月，被提起公诉。但是，在庭审过程中，崔纪存突然翻供。与此同时，本案的另外 3 名已经被判处缓刑的被告人也开始申诉，称自己是被冤枉的。而北京那家信息公司的 3 名行贿人也推翻了自己的证词。随即，这起特殊的案件，被异地移送至鼓楼区人民检察院进行调查。

图片说明：南京市鼓楼区人民检察院
办案检察官李泉接受采访

**【采访 南京市鼓楼区人民检察院办案检察官　李　泉】**

很大的一个案件，因为这种案子我们之前很多年没有遇到过，这种群体性翻供翻证案件，鼓楼区检察院是很少遇到的，这个案件是市院直接交办的。

【解说】

为了确保调查，查明真相，南京市检察院决定异地办案。不过这一案件的特殊性让承办方鼓楼区人民检察院备感压力。

**【采访 南京市鼓楼区人民检察院办案检察官 顾丽娟】**

这个案件到我们鼓楼检察院以后，我们从分管领导，抽调了我们反贪局的副局长，成立了一个专案组。

**【采访 南京市鼓楼区人民检察院办案检察官 李 泉】**

到秦淮检察院还有法院调取了该案所有的卷宗。

**【采访 南京市鼓楼区人民检察院办案检察官 顾丽娟】**

我们要了解整个案情，到底是在什么情况下翻供，翻供的内容是什么？基础是什么？

【解说】

当初几名被告人和行贿人在秦淮区人民检察院都做了有罪供述，而且相互一致，此时，他们以什么理由推翻自己当初的供述呢？

**【采访 南京市鼓楼区人民检察院办案检察官 李 泉】**

翻证的理由还是刑讯逼供，受到暴力取证，并且向我们描述一些所谓的细节问题。

**【采访 南京市人民检察院研究室主任 刘 军】**

刑讯逼供、暴力取证，是《刑法》第247条规定的犯罪行为，是侵犯公民人身权利、民主权利罪的一种非法行为，主要指司法工作人员使用暴力逼取犯罪嫌疑人的口供、证人证言的行为。

【解说】

按照最高检的规定，检察机关在办理自侦案件当中，提审嫌疑人必须同步录音录像。于是，办案人员不仅调阅了全部笔录，而且结合笔录逐一审看了当初的监控录像。

【采访 南京市鼓楼区人民检察院办案检察官　李　泉】

因为该案的嫌疑人有 4 名，加上相关的证人，每个人至少有 5 份左右，真实录音录像的笔录。一份笔录如果做下来，我们除了宣布笔录以外，宣布强制措施法律程序的笔录以外，一般都要一个多小时。

【解说】

录像显示整个询问过程都很正常，没有发现暴力取证的证据，这一情况，让检察官决心必须将此案一查到底。

图片说明：南京市鼓楼区人民检察院
办案检察官顾丽娟接受采访

【采访 南京市鼓楼区人民检察院办案检察官　顾丽娟】

所以在这种情况下，我们专案组经过仔细的研究，我们就把工作的重点放在了解整个案情以及找所有案件的突破口上面。

**【解说】**

最终，本案的被告人之一王某被确定为案件的突破口，此人在案发前系该单位的副局长，检察官在调查案情时对她有比较深入的了解。

**【采访 南京市鼓楼区人民检察院办案检察官　李　泉】**

工作这么多年，一直是公务员，从基层干起，一直干到副局长这个职务，工作上也是比较勤恳踏实的。她受贿应该也是因为一时糊涂。

**【采访 南京市鼓楼区人民检察院办案检察官　顾丽娟】**

在整个案件当中，她前期的态度还是比较好，因为态度比较好，也取得了政法机关对她的从轻处理，这是第一点。第二点我们分析了整个案情以后，我们认为她有漏罪的嫌疑。

**【解说】**

原来鼓楼区检察院的办案人员发现，这个王某另外还有一笔受贿的事实，于是，他们立即传唤了王某，对其展开讯问。同时，在办案程序上检察官也煞费了一番苦心。

**【采访 南京市鼓楼区人民检察院办案检察官　顾丽娟】**

当时情绪还是比较激动的，她就觉得我头疼，我要看医生。我们检察机关从人性化的角度出发，就及时给她找医生。因为王某她正好处于更年期的状态，情绪波动很大，她一会儿想要交代问题，一会儿觉得我交代问题会不会带来很大影响？

**【采访 南京市人民检察院研究室主任　刘　军】**

装病是不少涉案官员常用的"缓兵之计"，东窗事发后的贪官，在接受检察机关审讯时常常进行装病表演，而我们的检察官早就练就了一双火眼金睛。

**【解说】**

为了取得王某的信任，检察官根据她的身体状况，带她去医院看病，在生活上对其予以照顾。在此基础上他们再次讯问王某，这时候王某的情绪发生了变化。

**【采访 南京市鼓楼区人民检察院办案检察官　顾丽娟】**

做了大量思想工作以后，她一开始就沉默不语，另外开始不愿意吃饭。我们给她进行一系列的心理疏导以后，她表示愿意讲清自己的问题。

**【采访 南京市人民检察院研究室主任　刘　军】**

公职人员一旦受到刑事处罚，将被开除公职、待遇全无，损失惨重！试图翻案的涉案人员，常常以被刑讯逼供、暴力取证为由，进行控告、申诉，企图推翻原来的供述和证言，而司法实践中，这些做法往往事与愿违。

**【解说】**

根据王某的交代，在法院做出缓刑的一审之后，3名嫌疑人被解除了羁押，就在这个时候，案件的另一名被告人崔纪存的家属和律师便和他们取得了联系。

**【采访 南京市鼓楼区人民检察院办案检察官　李　泉】**

碍于情面，因为其他同案的涉案人有的也出来了，他们出来以后，他们的家属、朋友、律师多次来找他们，相关涉案人碰头很多次，碍于情面就想集体申诉，写举报信，举报信的理由就由刑讯逼供为理由。

【解说】

按照现行的法律法规，公职人员一旦受到刑事处罚，将被开除公职，相关待遇全无，损失可谓惨重。所以，此案中被告人企图翻案的动机也比较强烈。而且，本案的 3 名行贿证人也推翻了自己的证词，这也显得格外蹊跷。其中，周某是最重要的一名证人，法院的刑事判决书显示，此人在 2008 年 8 月来到南京，和几位被告人订立攻守同盟，而且还分别向其中两名被告人行贿 4500 元。但是后来周某提供了自己在单位的考勤记录，称自己在 8 月份天天在单位上班，根本不可能来南京。检察官调取了该时间段的酒店住宿记录和手机通话记录，也没有发现任何疑点。那么这究竟是怎么回事呢？

【采访 南京市鼓楼区人民检察院办案检察官　李　泉】

证人的态度是对南京检察院和法院避而不见，拒绝出庭法院庭审。然后我们跟他们单位联系，他们也是不露面。

【解说】

既然声称自己没有行贿，为何又不肯照面呢？办案人员专门赶赴北京，通过技术侦查手段，终于找到了周某，并将其带回南京。但是周某还是否认行贿的事实。

【采访 南京市鼓楼区人民检察院办案检察官　顾丽娟】

在条件成熟的情况下，我们也是运用了我们测谎的手段。

**【采访 南京市鼓楼区人民检察院办案检察官　李　泉】**

专家研究案情以后，专门设计他的一套问题。

证明他说的大部分都是假话。

**【采访 南京市鼓楼区人民检察院办案检察官　顾丽娟】**

在这个情况下，我们坚定了我们的信念，包括我们市局反贪局的谢局长亲自审问，在这个情况下，他如实地供述了自己翻证的情况。

**【解说】**

根据周某的交代，2008 年 8 月，他得知有人向纪委举报，所以非常紧张。于是，他在周五的晚上坐上火车，周六早晨到达南京，和几名被告人见面，订立了攻守同盟。当天晚上他又坐火车赶回了北京。

**【采访 南京市鼓楼区人民检察院办案检察官　李　泉】**

这件事他做得很巧妙，到南京来办这件事情，他没有留下任何的印记和证据，他没有住宾馆，手机也没有带，采取了一系列应该是反侦查措施。

**【解说】**

证人的证据被固定后，本案两名已经被量缓刑的被告人撤回了申诉。一起精心策划的集体翻供案件彻底化为泡影，被告人崔纪存所盼望的二审改判梦彻底破灭了。

2009 年 12 月 15 日，经二审人民法院裁定，驳回崔纪存上诉，维持原判。

随后，南京市人民检察院启动刑事案件再审监督程序，向该市中级人民法院提出抗诉，认为原审被告人朱士国在一审期间作出了虚假的认罪、悔罪表述，其行为不符合法律规定的适用缓刑的条件，应该依法撤销。

朱士国受贿一案再审之后，南京市中级人民法院作出终审判决：被告人朱士国犯有受贿罪，被判处有期徒刑两年。

**【采访 南京市人民检察院研究室主任　刘　军】**

查办案件的严酷现实，决定了双方教育与辩解、追问与回避、揭露与掩盖、证实与抵赖、进攻与防守的矛盾必定十分尖锐。在检察机关缜密的侦查和科学的决策下，已经被量缓刑的朱士国试图通过翻案规避法律的制裁，出乎他意料的是，折腾了半天，依然是鸡飞蛋打。朱士国受贿一案倒成了南京市首例职务犯罪缓刑改判实刑的案件。真是：早知如此，何必当初？

朱士国等人的集体串供、翻供，亵渎了法律的尊严，是对正常司法活动的重大鄙弃，性质十分恶劣，必然受到法律的严惩。

# 工程建设领域职务犯罪典型案例访谈录

**总撰稿　陈复军**

**采　访　陈复军　韩　冰　贾　晟**

## 【解说】

"只要能揽着活儿，神六、神七、神八都能干。"这只是一句戏言。但这句戏言背后的东西却意味深长。它似乎告诉我们，在工程建设领域，资质不重要，结果不重要，是否有本事将活儿揽到手才是关键。活儿揽到手了，就是再高难度、再高科技的"活儿"也能"干好"。但怎么才能揽到活儿？很显然，所谓的"本事"就是靠商业贿赂予以公关——公关的结果是工程上马，官员落马，百姓跟着遭殃。

## 【解说】

2011年5月17日，最高人民检察院、中央纪委监察部联合举行的新闻发布会通报：自2009年9月至2011年3月，全国纪检监察机关共受理工程建设领域违纪违法问题举报3.31万件，立案1.72万件，结案1.56万件；给予党纪政纪处分11273人，其中厅（局）级干部78人，县（处）级干部 1089 人；移送司法机关处理 5698 人。全国检察机关共立案查办工程建设领域职务犯罪案件 12344 件 15010 人，其中贪污贿赂案件 11050 件 13416 人，涉案金额 29.9 亿余元；渎职侵权案件 1294 件 1594 人，为国家挽回经济损失 3.6 亿余元。

图片说明：韩冰副处长接受采访

**【同期声 时任北京市人民检察院综合处副处长　韩　冰】**

工程建设领域职务犯罪，已成为国家公职人员职务犯罪的重灾区，严重危害着人民群众的切身利益，严重损害着党和政府的光辉形象，检察机关重拳出击，惩治害群之马、切除贪腐毒瘤、斩断贪腐之手已迫在眉睫、刻不容缓！

**【解说】**

"决策审批，招标投标，征地拆迁，资金使用，工程实施，验收监管"每一个环节，都涉及着权力，牵涉着利益，每一个环节也都暗藏着交易，埋伏着凶险，我们的领导干部、公职人员，稍有不慎将迷失方向、陷身泥潭，甚至身陷囹圄、自毁前程，下面的事例会让你振聋发聩、心生警醒。

字幕

## 警示之一：警惕决策与审批环节的权力滥用

字幕

## 案例之一：滥用权力生贪念　大贪小贪一窝端

【解说】

一片小区建起来，19 名官员倒下去，这不是危言耸听。安徽省安庆市虹城房地产开发有限公司法人代表吴在桥，在大园小区项目开发过程中，为达到简化审批手续、减免相关规费、提高售价、提前预售、逃避处罚等目的，向安庆市规划局、物价局、人防办、建委、房产局等单位有关负责人行贿人民币 88 万多元，共涉及县处级官员 11 人、科级及科级以下官员 8 人。这是新中国成立以来安庆市涉及县处级干部最多的案件。

图片说明：安庆市人民检察院反贪局侦查
二处副处长李宁建接受采访

**【采访 时任安徽省安庆市人民检察院反贪局侦查二处副处长 李宁建】**

大园小区是安徽省给我们安庆市下拨的一个计划，就是经济适用房的一个规划指标，这个规划指标就是建经济适用房，总面积是 3 万多平方米。

**【解说】**

大园小区是经过安庆市政府批准立项的，占地面积35000 平方米，建设用地由政府划拨和土地出让两部分组成，所建住宅分为经济适用房和商品用房两部分。

**【采访 时任安徽省安庆市人民检察院反贪局侦查二处副处长 李宁建】**

按照这个规定来讲，就是我们国家建设部，对于开发公司房产这块，它有个规定，就是 248 号一个文件，就是说你开发公司，你必须要首先拿到土地使用证、规划许可证、建筑工程许可证，你才能开始施工。那么在这种情况下，它是这几个证全部都没有，等于说无证进行开发。

**【解说】**

在项目审批手续不全的情况下，为了拿到房屋预售联系函，吴在桥把眼睛瞄准了一个关键性人物——周恩德，当时安庆市物价局房地产价格管理科副科长。

**【采访 时任安徽省安庆市人民检察院反贪局侦查二处副处长 李宁建】**

周恩德就问他，你手续全不全？他（吴在桥）说手续不全，他（周恩德）说手续不全，肯定不能给你发这个经济适用房的预售联系函，吴在桥就跟他讲，你想想办法帮帮忙，我抓紧时间给你补补材料。同时他又跟周恩德讲，你把它办好了我不会亏待你的，我肯定要感谢你。

**【解说】**

办成了这件根本不该办的事，吴在桥打电话将周恩德请到他的办公室，交给他用报纸包着的 15 万元现金。

**【采访 时任安徽省安庆市人民检察院反贪局侦查二处副处长 李宁建】**

第一次呢，吴在桥给周恩德 15 万元的时候，就明确给他讲，他说这个钱你拿去，你跟那个物价局的主要领导，你安排把它分一下。他（周恩德）先是把自己的 5 万元拿下来，然后再给那个余金琳，是副局长，给他 7 万元。送给余金琳的时候跟他明确地讲，他说，这是吴在桥为了感谢我们物价部门给他的帮忙。余金琳呢，当时就讲那这么客气干什么呢？实际上当时就在办公室。那个钱给了他（余金琳）以后，直接往他那个桌子里一放，他就把它收下来了。

安庆市开发区规划局审查虹城公司另一项工程图纸，发现图纸不符合规范，需要调整，一旦调整必将影响吴在桥的收益。周恩德再次受命送给姚顺长现金 3 万元。为了躲避处罚，吴在桥指派周恩德，先后向物价局、建设局、规划局、产权产籍处官员行贿总计达 17 万元。

**【解说】**

因为菱建小区设计不符合人防工事的要求，安庆市人防办迟迟不批设计规划。吴在桥带周恩德先后去了人防办主任方锡武的办公室和副主任杨明杰的办公室，分别送上 15 万元和 8 万元现金。23 万元送出后，吴在桥顺利得到了人防办签批的建筑防空地下室建设意见书。吴在桥在没有申请物价局核价的情况下，把菱建小区的 7 栋经济适用房以商品房的价格提前预售，谋取了暴利。

**【采访手记】**

一封举报信，终于使玩火者自焚。在安庆市纪委、市检察院通力协作下，严肃查处了新中国成立以来，安庆市涉及县处级干部最多的大园小区窝案。吴在桥、周恩德及余金琳、姚顺长等 10 余位官员被正式立案侦查，提起公诉，并被以受贿罪判处 3 年至 10 年不等的有期徒刑。

**字幕**

## 案例之二：执法犯法伸贪手　亵渎法律罪难容

**【解说】**

这里是西城区人民法院，郭生贵从 1998 年到 2006 年的 8 年间在这里担任院长。

**【同期声 审判长】**

传被告人郭生贵到庭。

**【解说】**

这座审判大楼是 2006 年年底建设起来的，大楼的主体工程是西城区的代建项目，郭生贵没插手大楼的主体工程建设，然而大楼内部办公设备、弱电工程及大楼的装修，都是由西城区法院自己来负责完成，就在这些建设项目上，郭生贵早已垂涎三尺，贪婪地规划着自己的敛财步骤。

**【解说】**

在郭生贵手里的大项目就有大楼的弱电工程，一般工程发包时找的是有实力及工程报价合理的公司，而郭生贵却是看谁能给他回扣报价得更高。

**【同期声 嫌疑人　张凤海】**

老郭，这个给我，郭院，给我，我能给你多少钱。他也听这些，跟我说过，人家给谁谁做，他给我多少钱，他也听这些，开始也问我，一般行情多少？

**【解说】**

最后弱电工程给了一个叫索意普的公司，而这个公司按事先约定好以工程总费用的 15% 给郭生贵返回了 300 万元的贿赂。这是当时郭生贵向西城区委区政府申请审批的 58 万元购置的两对汉白玉狮子，没过多久人们就发现，这两对狮子并不是汉白玉的，而是在狮子表面涂了层漆，漆已经开始脱落。购买这对狮子实际用了还不到 28 万元，而剩下的 30 多万元公款却被郭生贵贪污了。而招标新审判大楼档案密集架设备采购及安装项目时，郭生贵专程前往宁波考察，并与售货方达成采用单一来源政府采购方式。事成后，这家公司通过张凤海给了郭生贵 22 万元的贿赂。

这座审判大楼在郭生贵眼里就像是一棵摇钱树，里面每添置一个陈设和办公设备，都能给郭生贵敛财带来一次机会。此时，贪红了眼的郭生贵已经没有了过去的顾及。

**【同期声 审判长】**

被告人郭生贵犯受贿罪，判处死刑，缓期两年执行。

**字幕**

## 案例之三：权钱交易贪回扣　违章审批断前程

**【解说】**

在招标阶段，很多公司的实力相差无几，但是有些投标公司"经验丰富"，派出一个专门的部门对发包方的决策者进行公关，或金钱，或美女，或安排出国考察，为了拿到项目，这些公司通常都会给有关领导提前送"回扣"。国家住建部、纪检组、新闻司曾经在全国对四省八市进行过一次调查，在建筑工程领域利润率一般是10%至30%，回扣率一般是在1%至5%这个幅度，最高的可达10%。

总之是手段多样，无所不用其极，以期实现本公司中标的目的。

**【解说】**

北京市原副市长刘志华收到了某开发商80多万元仍不满足，他私下和情妇王某商量，我们为他谋取了4亿元的经济收入，怎么也得按1%给回扣啊。于是王某多次找此开发商索要回扣400万元。有人形容拿项目就是一场战争，大大小小的开发商施工单位为了能在激烈的市场竞争中抢占市场，争夺项目，往往不惜重金开路，不择手段地腐蚀拉拢握有决定权的官员。

**【解说】**

广西壮族自治区南宁市市政管理局原局长张建辉，因涉嫌受贿 2618 万元，涉嫌巨额财产来源不明 527 万元，成为广西处级干部职务犯罪涉案金额最大的贪官。张建辉敛财的秘密很简单，就是利用了工程建设领域的行业潜规则。20 多名包工头向张建辉行贿，一般要考虑工程的大小和施工的难易程度，然后按照工程资金总额的 3% 至 5% 确定贿赂数额。如果是初次与张建辉打交道，为了博取他的好感，这个点数还会上调。当送钱的包工头告诉张建辉这是行业例行规矩时，他开始心安理得起来。心安理得的还有许多贪官，湖南省郴州市原市委书记李大伦为他人承揽建设工程，收受的 17 名私营企业主或项目承包人贿赂中，房地产公司老总最多。海南省文昌市原市委书记谢明中通过工程建设领域受贿 1290 万元，安徽省原副省长何闽旭收受工程建设领域的贿赂占贿赂总额的 60% 以上。

**字幕**

## 警示之二：警惕招标环节的暗箱操作

**【解说】**

重点工程项目招投标是工程建设领域贿赂犯罪的首要环节。表面上看起来最公正的招投标，实际上却是最容易滋生腐败的阶段。从招标开始，相关部门的官员们就要经历钱色的诱惑考验了。在招标时，各种暗箱操作使得肮脏的权钱色交易顺利实现。虽然国家从中央到地方都有招投标方面的明确规定，要求招标公开，也制定了一系列法律法规，但在实际操作中却并非如此。

主要是因为现行招投标制度的设计存在薄弱环节，对相关各方之间的私下运作无力监管。

**字幕**

## 案例之一：公开招标成工具　串通"围标"为己欲

**【解说】**

浙江省交通厅原党组书记、厅长赵詹奇在 1994 年至 2006 年期间利用职务便利，在工程招标、工程建设中为他人谋取利益，多次单独或者通过其情妇、儿女非法收受他人财物折合人民币 620 万余元。2007 年 7 月赵詹奇因受贿罪被判处无期徒刑，剥夺政治权利终身，并处没收个人全部财产。

安徽省原副省长何闽旭 1991 年至 2006 年间，利用职务之便，帮助房地产开发公司争取土地，加快拆迁，审批规划，争取落实优惠政策、项目验收、出售楼房、解决投诉问题等，索取或者非法收受财物折合人民币共计 841 万余元。2007 年 12 月，何闽旭以受贿罪被判处死刑，缓期两年执行，剥夺政治权利终身，并处没收个人全部财产。

**【解说】**

浙江省杭州市西湖区建设局原副局长吴少雯利用其在杭州西溪湿地相关项目招投标中的权力，收受投标企业的好处费，并帮助行贿企业从中操作，采取围标、串标及排挤竞争对手等违法方式承揽工程，受贿近千万元。2009年2月一审被判死缓。

**字幕**

## 案例之二：招标投标漏洞多　关照背后有玄机

**【解说】**

不法商人往往把行贿当作一种投资，送出去一只鸡，想牵回来一头牛。没有取得承建水利工程项目经理资格的葛旭东，为了能使自己的个体小工程队，在宁波市城市防洪工程中中标，送给时任鄞州区水利局副局长兼区城市防洪工程建设指挥部常务副总指挥葛明海现金3万元，要求他在招投标时给予帮助。2004年初，葛旭东在葛明海的照顾下顺利拿到了工程。

**【采访 时任浙江省宁波市鄞州区人民检察院检察官　李世军】**

通过做工作，攻破他的心理防线，终于交代了他的犯罪事实。为了使自己能够承建到鄞州区奉化江水利城防工程建设这个项目，对他进行送钱。

图片说明：宁波市鄞州区人民检察院
办案检察官李世军接受采访

【解说】

回首自己3年来一笔笔受贿记录，葛明海自知罪有应得。

【同期声 嫌疑人 原浙江省宁波市鄞州区水利局副局长兼区城市防洪工程建设指挥部常务副总指挥　葛明海】

我早出问题，我早进来，我好早出去，否则的话我要被判无期徒刑了。你送给我，他送给我，我跟承包商打交道不是一两个人，是几十个人呢，那肯定越来越多了嘛。

【采访 时任浙江省宁波市鄞州区人民法院法官　石银山】

因为他本来作为一个个体的工程队，是没有资格，根本不可能承接这么一个大型工程的。现在他通过这种不正当的手段，获得了那种不正当的利益，使人家真正有资质的工程公司，倒失去做工程的机会。

【解说】

曾经为自己能拿到工程而感到得意的葛旭东，今天再面对这段工程，不能不为自己当初的行为感到担心和后怕。

## 【采访手记】

案件告诉我们，要严格执行招投标制度，不给违法犯罪留下可乘之机。

字幕

## 案例之三：招标击倒名专家　评标漏洞要堵上

## 【解说】

2006 年以来，河南省查结工程建设领域涉案的 72 个处级以上国家工作人员中，在招标环节出问题的 41 人，占 57%，位居发案环节首位。主要表现在规避招标，通过化整为零，分段实施，变更规划，要求招标、议标或者拖延时间等方法，照顾已经串通好的单位，实现权钱交易。

【同期声 原中铁某局工程负责人　王小兵】

为争取工程中标，通过郑道访的儿子郑勤向原四川省交通厅原副厅长郑道访行贿 35 万元。

【同期声 原中铁某局项目部经理　朴长江】

在广渝路工程中，为提高工程造价向郑道访行贿 15 万元。这两个人都曾经拉过郑道访下水，他们之所以向郑道访行贿，看中的是郑道访担任了四川省交通厅副厅长兼工程招标评标委员会主任的职务。

**【解说】**

2003 年以前，四川省公路建设的招标投标工程采用的都是综合评标法，这种方法是由相关单位预先算出一个工程造价作为标底，然后根据这个标底组织专家成立标评委员会，为投标商打分，得高分的中标。这种机制中最大的特点就是专家的意见直接影响着招投标的结果。而当时担任评标委员会主任一职的郑道访，却不把既定的制度当回事，他个人的一言一行都对投标企业能否中标起着决定性的作用。

**【同期声 原四川省交通厅副厅长兼工程招标评标委员会主任　郑道访】**

我是最后在审批文件上签过字。

**【解说】**

行政主管和技术专家的双重角色使郑道访在道路建设领域有着绝对的权威，你不接受我就不签字。在每次招投标过程中，手中握有投标、评标、分标、发包等生杀大权的郑道访总是能够通过这种方式向评标委员会的专家施加压力，从而达到自己的目的。

**【采访 时任四川省人民检察院检察长　韩忠信】**

每一个路段评标，他都是评标委员会的主任，实际上他一个人说了算，私下打招呼，评标委员会的委员们都形同虚设。

**【解说】**

2000 年，四川省修建成都至雅安的高速公路，这条路全长 120 公里，为了便于敛财，同时为了照顾自己的关系，郑

图片说明：时任四川省人民检察院检察长韩忠信接受采访

道访竟把原本只有 20 个标段的工程分切成了 70 多个标段，这样一来平均每个标段的工程量不足两公里。

## 【采访手记】

评标专家肩负着为政府投资项目和重大工程项目把好资金关、质量关和服务关的重任，在选择评标专家时，除了要看重其专业能力以外，更重要的是要看重其思想品德。政府监管部门既要大胆引进品德高尚、有真才实学的专业评标人才，又要慎之又慎，将滥竽充数者拒之门外。相关部门必须加强对评标专家的职业道德教育，提高评标专家的综合素质，以保证咨询专家队伍的纯洁性和权威性。

字幕

## 警示之三：警惕征地拆迁环节的利益诱惑

## 【解说】

征地拆迁是推进城市化、工业化建设中一项十分重要的工作，如果处理不好就会给经济发展和社会稳定带来极大的损害。有些党员干部利用征地拆迁中利益关系的复杂性徇私舞弊为个人谋取私利，最终走上犯罪的道路。

字幕

# 案例之一：土地寻租巧谋划　书记主任进牢监

## 【解说】

南京市栖霞区原区长助理外高桥街道原工委书记潘玉梅，因贪污受贿人民币792万多元，美元53万元，而成为南京市处级干部受贿犯罪单笔现金数额最大的贪官。潘玉梅的案件是南京市纪委在查处一个基层支部书记的行贿案件带出来的。

## 【采访　陆信河】

因为当时就是这个某村的村支部书记高某交代了他在这个村集体土地开发房地产这个项目当中，共送给潘玉梅人民币约290万元，美元48万元。

## 【解说】

潘玉梅在高某的村集体土地开发项目上出谋划策，不仅帮助钻政策的空子，而且主动召开班子会议，统一思想帮助高某继续操作这个项目，使高某从中获得了巨额利润，对此高某自然万分感激，并奉上重金。外高桥街道筹建创业园区，创业园区还要招商引资，这无形中为潘玉梅运用权力点石成金又提供了一个平台。她和外高桥街道原主任陈明二人，气味相投一拍即合，决心要利用这个平台大干一场。

**【同期声 谷步先】**

他们看到有利可图，与港商共同商议成立了多贺公司，以每亩8万元的价格，卖给港商土地100亩。这个价格远远低于当时的市场价，将来这样100亩土地转让出去，获利1500万元左右。

**【同期声 谷步先】**

转让是每亩24万元。潘玉梅在这个土地寻租事件上一个是倒签协议，土地价格已经上涨了，她为了谋取利益把签署的协议提前了。第二个变更股东，然后把土地整体出让。第三个就是迂回走账，暴洗黑钱，就将这个钱来回转。

**【解说】**

之后，潘玉梅、陈明各自分到480万元，潘玉梅尝到甜头后再与另外几名领导干部合伙私下又成立了一家公司，投资人民币1100万元，购得创业园区267亩土地使用权。两年后潘玉梅拍板让创业园以580万元的高价收购了该地块，这也是创业园区唯一高价赎回的土地，潘玉梅等人每人平均从中非法获利340万元。

**字幕**

## 案例之二：兼并公司有奇招　国企蛀虫罪难逃

**【解说】**

范宪，1954年生，原上海华谊集团副总裁，上海双钱集团党委书记兼董事长，上海制皂集团党委书记兼董事长，他曾带领上海日化、油墨、电子和轮胎四个行业的四家企业走出困境，获得首届中国化工十大风云人物，上海市老商标运作十大杰出企业家等多项荣誉。

【解说】

1996 年上海制皂集团成立森凌置业有限公司，这是一家国有性质的三产公司，经范宪提名，陈洁被任命为公司总经理。森凌置业在制皂集团位于浦东羽山路的一块土地上开发了名为森凌湾公寓的楼盘，127 套住房短短 6 个月里就全部售完，给森凌置业集团带来了超过 1500 万元的利润，看到房地产市场如此好的前景，陈洁马上又去拍了一块土地开发二期，为了从房地产开发上为自己捞取更多的利益，他们动了将其改制的念头。

【解说】

范宪和陈洁走出的改制的第一步是想方设法低估资产，凭着高超的做账能力，二期土地成本在陈洁笔下摇身一变，成了一期的土地成本，一期的利润就被巧妙地隐匿了下来。在改制评估时，他们把公司当时有的 2600 万元资产评估成 700 万元，最后仅把当时的注册资金 500 万元当成总资产卖给改制后森凌置业的股东。也就是说，第一次改制时森凌公司隐匿了 2100 万元，之后范宪和陈洁还以公建配套和产权不明为由，将 700 多平方米的群房隐匿了下来。到了评估环节，陈洁先请一家熟悉的审计事务所，按照他们的要求对森凌置业进行审计，然后再请一家有关系的评估单位对审计结果进行评估。

**【解说】**

在森凌公司收购后来改名森凌湾大厦的华虹大厦之际，范宪和陈洁又开始谋划森凌公司的第二次改制。预计到森凌公司收购森凌湾大厦之后，公司收益将更大，他们商量，如果能够让森凌公司的自然人股东和制皂集团共计48%的股权全部退出的话，他们就可以独享其巨大的收益了。当时陈洁提议，由一个名义上是第三方公司，实际上是由他们掌控的公司来收购森凌公司的48%股权，这家公司名叫三口士公司，所谓三口士就是陈洁洁字的分解，这家实际上属于范宪、陈洁的公司，注册资金只有100万元人民币，收购当时森凌公司48%的股权，资金肯定不够，但这难不倒他们。他们把森凌湾家园的一些房屋，低价卖给三口士，三口士再高价卖给森凌公司，这样一来二去，利润就都留在了三口士公司。

**【解说】**

日后，范、陈二人故伎重演，森凌湾家园的7个商铺和5套商品房又一次神不知鬼不觉中成了他们的囊中之物。在此期间，森凌公司股本金从500万元增值到2000万元，但作为股东的范宪和陈洁并没有实际出资，也就是说他们不出一分钱，仅此一项，就使自己的财富扩大了4倍。如此一来，他们沆瀣一气，成了肮脏的利益共同体。

字幕

## 案例之三：调整规划敛财忙　身陷囹圄后悔迟

【解说】

梁晓琦，重庆市规划局原总规划师、副局长，在 1999 年 7 月至 2008 年 3 月期间，利用规划调整中法规制度不完善，行政审批程序不规范等制度漏洞，利用规划调整的审批，建筑工程的选址定点等职权为他人谋取利益，88 次非法收受多家单位及个人财物，共计折合人民币 1589 万余元。

梁晓琦在写给纪检监察机关的忏悔书中写道，每当有重大利益关系的调整计划，那些早已熟悉或经朋友介绍的开发商就会送上一笔感谢费，而且大部分会利用年节的机会送来，比平时的礼金数额要大，名曰帮忙感谢。

【解说】

自 2006 年以来，他多次酝酿调离外人眼中的肥缺规划局，并最终来到江北公司担任董事长，希望以此远离是非，逃离组织的视线。他在忏悔书中写道，有人劝我留在规划局，不要脱离为官主战场，实际上我心里非常惧怕待在那个岗位上，我很清楚，按那种搞法，早晚会出事。土地审批和规划领域就是这个与大量金钱打交道，与公众利益密切相关权力又相对比较集中的领域，国土资源的腐败大案也主要发生在这个领域。

**【解说】**

2008 年 10 月，梁晓琦因受贿罪，被判处死刑，缓期两年执行，剥夺政治权利终身，并处没收个人全部财产。

**字幕**

## 警示之四：警惕工程建设环节的权钱交易

**【解说】**

进入建设施工阶段，发生腐败的环节和部位明显增多，有的窝串案中甚至出现了建设、施工及监理各方"集体腐败"的现象。

**字幕**

## 案例之一：施工监理留隐患　收卡三张图私利

**【解说】**

工程现场监理作为中介机构，不仅对施工单位建设进度和工程质量负有监督管理职责，而且有权根据现场情况对工程进行变更。因此，工程监理人员也是施工单位腐蚀拉拢的重点对象，腐败隐患不容忽视。

2005 年至 2007 年，原京密引水管理处法定代表人、主任李洪滨，利用职务便利，在工程建设验收环节，非法收受监理公司和承包商行贿的消费卡 3 张，共计人民币 15.88 万元，交其亲属使用，或用于单位工作招待。

2008 年 12 月，李洪滨因犯受贿罪、单位受贿罪被北京市怀柔区人民法院判处有期徒刑五年。

北京市京密引水管理处每年都有招待费的使用支出，但李洪滨仍非法收受 3 张消费卡，他本以为收点卡，作案隐蔽，可以轻易逃避本单位的财务监督，方便自己用钱。结果，3 张小小的消费卡给他带来的却是 5 年的牢狱之灾。

**字幕**

## 案例之二：质监验收被腐蚀　桥毁人亡惊全国

**【解说】**

工程竣工验收阶段同样是腐败的重灾区。施工单位为了顺利通过质监验收，想方设法拉拢腐蚀质监机构工作人员及甲方验收人员。前几年，重点工程建成"豆腐渣工程"，公路、桥梁损毁、垮塌，造成人员伤亡、财产损失的新闻屡屡曝光，竣工验收人员被追究渎职罪的案例比比皆是。部分质检验收人员利用手中的验收检查权接受施工单位的宴请，收取各种名目的好处费。有的质监人员甚至公开索贿，不给好处就拖拉推诿，不按时检查验收，或者"暗做手脚"，致使施工单位窝工、返工。

2007 年 8 月 13 日下午，湖南省西凤凰具正在建设的凤大公路堤溪沱江大桥发生坍塌事故，造成 64 人死亡，22 人受伤，直接经济损失 3974.7 万元。这是一起严重的责任事故，暴露出施工、建设单位严重违反桥梁建设标准、现场管理混乱、盲目赶工期，监理单位、质量监督部门严重失职，勘察设计单位服务和设计交底不到位，有关部门监管不力等问题。随后，涉嫌犯罪的胡东升、游兴富和王伟波等24人被移送司法机关依法追究刑事责任。

## 【采访手记】

当前，我国在建的桥梁、隧道和地铁项目多、规模大，如果一些工程建设者、行政执法人员缺乏安全意识、玩忽职守，很容易发生安全责任事故，渎职犯罪已成为重大安全事故的重要原因，而预防渎职犯罪是一项系统的社会工程，需要集中各方力量，对因安全生产责任不落实，安全管理不严格，安全投入不到位的问题严加控制、严肃查处。

## 字幕

## 案例之三：结算支付想歪招　有章不循悔已迟

## 【解说】

工程项目竣工结算作为工程建设的最后环节，决定着整个工程建设项目的最终投资额，因此常常被施工单位和建设单位管理人员当作发财的最后机会，利用各种手段骗取、贪污工程款，主要表现有：一是双方串通骗取工程款。承包方以虚设项目，重复计算，虚报材料用量、等级及价格等手段虚增工程量提高造价，套取工程款后，或贿赂建设方相关人员通过审核决算，或双方贪污私分；二是建设方乘机"吃拿卡要"。

西安市阎良区检察院在查办一起贿赂案件时，行贿人刘某某供述：工程验收了，建设方迟迟不给结算。我拿不到工程款，欠材料款，欠工人工资，天天被人追着讨要。好不容易花钱上下打点通了，该付款了，会计又说太忙让等两天，我知道是要"红包"呢，只好再送一份。

## 【解说】

包头市市政工程管理处原处长闫增杰仅仅因为掌握着结算工程款的一项权力，就收了下属及业务单位的礼尚往来款47万元。

## 【同期声 包头市市政工程管理处原处长　闫增杰】

就是人之常情地给我送的福利，给我钱的这些人，我并没有给人家一定的好处，但是我认为我自己，看看用词当不当，我没有给他们任何好处，因此我现在就是说呢，这个受贿我不承认有这个事。

图片说明：时任包头市人民检察院公诉处
检察官张志杰接受采访

**【采访 内蒙古包头市人民检察院公诉处检察官　张志杰】**

在现在这个社会里面，时间不是金钱，时间不是利益吗？我一笔 100 万元的工程款我拖你两年，对你这个企业是何等大的影响，这不是利益吗？通过行贿目的是什么呀？目的就是迅速结清工程款。我们没说结款是一种非法的行为，但是这样一个行为，恰恰是在不法的因素下驱使造成的。

**【采访手记】**

由此可见，建设方管理人员或审核决算人员利用手中的职权借机索取、收受贿赂的现象较为普遍，亟待法律规范和惩戒。

**字幕**

## 警示之五：警惕工程建设领域权力监管缺失的隐患

**【解说】**

如果说体制、机制的滞后，制度的设计不健全和空置虚化是廉洁工程最大的隐患，那么权力监督缺失、权力失控，则使隐患成大患，隐患猛于虎。

**字幕**

## 反思之一：权力滥用无监督　滋生腐败生隐患

**【解说】**

工程建设领域的商业贿赂犯罪案件大多发生在权力和资

源相对集中的管理部门和岗位，其主要原因是对权力运行监督不到位，对重点岗位领导干部管理约束相对薄弱，特别是一把手集多种权力于一身，往往在工程建设中人财物大权独揽，项目决策一人说了算，在一把手权威下，这些监督部门或人员都失去作用，根本很难履行自己的职责。权力监督形同虚设，导致一把手权力过大，虽有监督机构，但由于各种原因，监督机制不畅，措施不利，不能很好地发挥监督作用，不敢监督，不能监督，不想监督，其结果就是腐败的滋生。

【解说】

单笔受贿金额8250万元，让苏州市原副市长姜人杰这位副厅级的地方官员一下子成了当时全国第一贪，这8250万元是如何收取的呢？2001年，正是全国房地产曙光出露之时，分管房产的姜人杰看中了苏州市水利局希望出卖的150多亩土地，示意时任苏州市娄葑镇开发区主任顾文彬以每亩7万元买入。2002年下半年根据国家有关土地招拍挂新政，苏州市也出台了相关土地政策，将对超过两年未开发且属于招标范围内的项目用地，一律由政府依法收回土地使用权。顾文彬购得的那块土地正在回收之列，姜人杰得知后，赶在土地回收前帮助顾办下了土地证。拿到土地证后，顾文彬一面向准备收回土地的苏州工业园区索赔。另一面又以港商的名义向当时的市委主要领导反映问题，要求对其度假村用地作出补偿，不久后市政府提出了补地置换的处理意见。

**【解说】**

顾在办好土地置换手续后，迅速将 90% 的土地使用权高价转让出去，净赚 1.9 亿元。2003 年年底，按利润平分的承诺，顾文彬将其中的 8250 万元，送给了姜人杰儿子所开办的公司。当初 1000 余万元买入的土地，通过置换、拍卖、转让一系列违规操作之后，转眼即获利 1.9 亿元，这巨额利润是如何实现的呢？秘密在于改变了土地使用性质，苏州市房地产协会会长邱元华在接受中国新闻周刊采访时介绍，一方面过期未开发的划拨土地将被收回，另一方面新批项目用地开始进行招拍挂，而姜人杰正是利用回收土地的机会，通过改变土地性质实现低买高卖，加上暗箱操作，暴利惊人。

**【采访手记】**

利用分管或直接掌握工程建设领域的职权和信息不对称，指示下属或家人参与或代理工程项目，并层层把关，直接将手中权力变现，所谓近水楼台先得月。

**字幕**

## 反思之二：权力寻租谋私利　官员腐败成大患

**【解说】**

为了生存，房地产商首先要过权力关，这个权力关是否容易过，与掌握权力人的关系很大。为了赚大钱，房地产商更要过权力关，这更是一个难关，有人形容，拿项目就是一场战争，大大小小的开发商、施工单位，为了能在激烈的房地产市场竞争中最终胜出，可以不择手段、不惜重金，对政府官员不仅有钱色支撑的糖衣炮弹，还有什么夫人、公子和朋友路线等。

**【解说】**

雷渊利，这个因在湖南省永兴市建人民大会堂而闻名的三玩市长，把开发商进攻权力的原始动力阐述的更直白。

**【同期声 嫌疑人 湖南省郴州市原副市长　雷渊利】**

任何一家房地产开发企业，他不可能离开我，我可以让任何一个房地产开发商在郴州做不下去。

**【同期声 嫌疑人 江苏省南京市江宁区房管局原局长　周久耕】**

你不要去大幅度的降价，来扰乱我们整个江宁的房地产市场。那么实际上反过来，大幅度降价是不是销售量就上去了？显然不是的，整个售楼部里面全都是要求退房的，你房子还可能卖得多吗？不可能的事情。

**【解说】**

2008 年年底，南京市江宁区房管局原局长周久耕因为这句话被人肉搜索，直至最后判处 11 年有期徒刑。近年来，腐败官员为开发商代言甚至勾结，充当其保护伞，已经成为公开的秘密。

**【解说】**

是什么让腐败官员敢于公开为开发商放言？又是什么让

工程建设领域成为腐败大案频发的重灾区呢？原因当然很多，一边是应该全心全意为人民服务的公仆，他们的工作就是全力履行其职责，保障行政效率；而另外一边是唯利是图的开发商，金钱既是他们最重要的手段，也是最重要的目的。工程建设领域成为腐败大案频发的重灾区，与这两者到底有什么关系？我们试图从权力和金钱的角度来解读其中的缘由。

**【解说】**

权力寻租所带来的利益成为权力腐败的源动力。从财政部原副部长朱志刚到北京市原副市长刘志华，从湖南省郴州市原市委书记李大伦到安徽省原副省长何闽旭，从昆明市规划局原局长曾华到上海房地产局原副局长殷国元，这些贪官收受房地产商的贿赂均高达数百万千万元，有的甚至过亿元，让人瞠目结舌。

腐败的滋生具有一个共同的特点，就是思想腐败在先，事实腐败在后。人们首先在思想意识上发生了变化，曾经正确的世界观、价值观、权力观被扭曲了，腐败也就有了可乘之机。

**【解说】**

权力一旦和金钱结合起来，就等于开始了慢性自杀。把这些贪官推向绝路的正是权力、金钱的肮脏结合。组织上相信他们，把那么大的建设工程交给他们管理，他们却把权用歪，借机索取不义之财！权力滥用，在不声不响中给这些贪官们带来了很多人一生赚不到的金钱。说他们不懂党纪国法，说他们不懂什么是犯罪，恐怕连他们自己都不相信。权力的滥用是他们自己的行为，给你金钱的就是看中你的权力，收买你的权力。他看中你权力的背后，看重的永远是从权力中捞取更多的金钱。结果，使这些贪官们不但丧失了权力，到手的金钱也成过眼烟云，成为犯罪的证据。

## 【解说】

2009 年年初，上海浦东新区原副区长康慧军腐败案的审理，吸引了很多人的关注。这位长期掌握着土地交易大权的副区长被称为炒房区长，案发时他和妻儿名下的房产高达 14 处之多。康慧军的纪录很快便被浦东新区外高桥保税区管委会规划建设处处长陶建国刷新，这位处级干部竟然受贿了 29 套房产，仅其母亲名下就有 27 套商铺、4 套住宅和 2 套别墅，这些房产，大多位于陶建国的势力范围之内，炒房区长也好、炒房处长也罢，归根结底只不过是工程建设领域的权力资本腐败的缩影。他们不靠办企业，不靠科学技术，也没有较长时间的原始积累，更没有艰苦奋斗，只靠一些有权人和有钱人之间的资本运作，使一些有权人和有钱人在短短的几年中成为百万元、千万元甚至亿万元的暴富式富翁。

## 【采访手记】

这些案例，从另一个侧面解释了为什么腐败高官会和开发商走在一起，腐败高官又为什么会成为某些开发商的代言人。

字幕

## 反思之三：权力不可做筹码　毁掉前途误国家

图片说明：张幸民主任接受作者采访

**【采访 时任北京市人民检察院政治部主任　张幸民】**

把权力作为筹码，最终赌掉了自己的名誉和前途，甚至是身家性命。权力这把"双刃剑"，运用得好，可以为党、为人民作出贡献；运用不好，就会以权谋私，成为人民的罪人。

权力是人民给的，就应该为人民服务。然而，不同的掌权人，对权力有着不同的理解，会采取不同的运用方式。《工程建设领域职务犯罪警示录》告诫人们，对领导干部手中的权力，必须加以制约监督，绝对不能任其为所欲为。试想，如果姜人杰、何闽旭、刘志华、雷渊利们没有手中的权力，不是一人说了算，那些老板开发商们还会如蝇逐臭般向他们行贿吗？

## 【采访手记】

"廉者，政之本也。"对党员领导干部来说，为官做人要坚守底线，不能突破。一旦突破底线，就像大厦失去了支柱，大坝动摇了根基一样，必然带来生活上的腐化、道德上的堕落、法纪上的失范，走向党和人民的对立面。

"贪如火，不遏则燎原；欲如水，不遏则滔天"。党员领导干部、国家公职人员，要常敲警示之钟，常防腐败之害，要时刻为自己的树立一个行为的边界牌，加强学习，严以律己，树立正确的世界观、人生观、价值观、权力观，执政为民、远离腐败，才能永远立于不败之地。

# 职务犯罪认识误区访谈录

**总撰稿　陈复军**

**采　访　陈复军　李宏民　贾　晟**

## 【解说】

近年来，贪污受贿、渎职侵权等职务犯罪大案、要案时有发生，犯罪形式多种多样，犯罪后果触目惊心。我们联合北京市人民检察院针对众多职务犯罪案件进行了剖析，发现部分公职人员思想深处潜藏着职务犯罪诸多认识误区，职务犯罪者"不把违法当违法，不把犯罪当犯罪"，终于一步一步陷入了违法犯罪的深渊，这些严峻的事实，无疑会给人们敲响警钟。

**字幕**

### 误区之一：

"钱是老婆、孩子收的，我不知道，更没有直接收钱，犯不了罪。"

**【解说】**

党员领导干部，是商业竞争者的主攻目标。商业竞争者常常不惜代价、不择手段、循序渐进地与党员领导干部联络感情，金钱攻关，迫其就范。意志薄弱者一念之差就可能掉进被人精心设计的陷阱，被人套住、围住、捏住、绑住以致逮住，从而一失足成千古恨。

**【解说】**

周良洛，毕业于清华大学，曾担任清华大学团委书记、北京市朝阳区区委常委、区委宣传部长、常务副区长、海淀区区委副书记、海淀区区长兼中关村科技园区管委会主任、区北部地区开发建设委员会主任。曾入选"中国城市十大明星区长"，博得了"擅长经营城市的区长"美誉。可是，随着职务的升迁，荣誉的增多，仕途上一帆风顺的周良洛私欲也膨胀了，思想上萌生了公职人员犯罪误区，不把违法当违法，不把犯罪当犯罪，在耀眼的光环后面暗度陈仓改写了自己的人生。

**【解说】**

这是一份北京某房地产公司的工资单，所得人是周良洛的妻子鲁小丹，该公司为了使自己的房地产项目获得审批，便向鲁小丹提出了担任招商部经理的邀约，周良洛清楚邀请鲁小丹仅仅是一个幌子，实际上瞄准的是自己手中的权力和权力背后的巨大利益。

2006年12月，鲁小丹到该公司上班，可工资却从6月份开始发起，上班时间仅仅半个多月却拿了20万元分红，该公司以工资和入股分红的形式，总共发给鲁小丹29万余元人民币。

**【同期声 办案人员　曹文革】**

实际上招商部本身就有经理，日常工作都由那位经理负责，鲁小丹就是挂个名。

**【同期声 鲁小丹】**

由于自己的软弱和经不起金钱的诱惑，不仅丧失了自己的原则和立场，反而参与了进来，以致铸成大错，今天我为所犯的错误追悔莫及。

**【解说】**

90年代以来，北京房地产业开始蓬勃发展，巨大的利润空间使一些企业的负责人开始想方设法地寻找捷径。在北京房地产业小有名气的刘军认为，搞定领导就等于搞定了一切。于是，他便斥资几百万元将周良洛跟前的红人聘请到自己的公司担任副总经理。刘军很快和周良洛建立了关系并得到了实惠。

2003年，刘军向周良洛提出，想参与海淀区兴建稻香湖湖景酒店的项目。在周良洛的暗示下，刘军如愿以偿获得了该项目的开发资格。

**【同期声 办案人　王晓军】**

后来，由于刘军呢，他有多家上市公司，他作为控股股东。在2003年的时候，突然资金链比较紧张，又通过周良洛协调，从稻香湖成功退出，并得到了海淀区的一些补偿。

**【解说】**

在这个投资过亿元的项目上，短时间内上演了一场刚注资便撤资的把戏，一场如同儿戏般的伎俩，周良洛却把它圆得天衣无缝。刘军为表示感谢，给了周良洛93万美金和100万元人民币。正是这笔北京市厅局级干部经济犯罪的单笔最大涉案金额，使这位明星区长暗度陈仓的计划露出马脚，直至满盘皆输。

北京市人民检察院3·23专案组在调查中发现，自周良洛担任北京市朝阳区宣传部部长开始，至担任海淀区区长期间，利用主管广告审批、房地产业等职务便利共收受10人给予的贿赂1600余万元。

**【同期声 周良洛】**

自己守了一段以后呢，心理失去了平衡，觉得这是人之常情，觉得呢，自己为这么多人办事，得到一点回报也是应该的。

**【解说】**

周良洛怀着侥幸心理铤而走险的权钱交易，置法律于不顾违法犯罪的行为，仍然逃避不了法律的追究。

**【解说】**

2008年3月28日，北京市第二中级人民法院，对北京市海淀区原区长周良洛和他的妻子鲁小丹的违法犯罪行为作出一审宣判。

**【同期声 审判长】**

判决如下：一、被告人周良洛犯受贿罪，判处死刑缓期二年执行，剥夺政治权利终身，并处没收个人全部财产。

二、被告人鲁小丹犯受贿罪，判处无期徒刑，剥夺政治权利终身，并处没收个人全部财产。

图片说明：时任北京市人民检察院检察长慕平接受采访

## 【采访 时任北京市人民检察院检察长　慕　平】

周良洛从一位有高深学历、有才华、有能力的领导干部、一位事业上的佼佼者变成了一位人民的罪人，从一位光环闪耀的全国明星区长沦为阶下囚，他为此付出了惨痛的代价。

在周良洛的案例中，党员领导干部应该意识到：错误的权力观会导致人生错位，绝不能把党和人民赋予的权力变成了为自己和亲属谋取私利的工具，把公共权力当作了个人的摇钱树；在复杂的"人情关"面前不能丧失警惕，切不可感情用事，为谋取非法利益者大开方便之门；要清醒地认识到，有些不法之徒在腐蚀拉拢领导干部难以奏效的情况下，往往迂回侧击，走"夫人路线"、"公子路线"，吹"枕边风"，达到"曲线敛财"的目的；党员领导干部切不可丧失理想信念，只有树立坚定正确的理想信念，才是拒腐防变，做人民公仆本色的根本。

字幕

## 误区之二：

"帮别人办事，朋友、情人收点好处，自己不拿不要，不会犯罪。"

【解说】

2006年9月5日，长沙市中级人民法院审理查明，湖南省郴州市原市委常委副市长，兼任郴州市住房基金管理委员会主任雷渊利，身为国家工作人员，先后收受他人财物671万余元；指使他人挪用郴州市住房公积金2650万元归个人从事营利性活动；指使他人虚开发票侵吞公款18.74万元。随即，以受贿罪、挪用公款罪、贪污罪对其作出一审判决，雷渊利不服判决提出上诉。

湖南省高级人民法院二审审理期间，雷渊利主动揭发检举原郴州市委书记李大伦、原市长周政坤、原市委宣传部长樊甲生、原市纪委书记曾锦春违法犯罪事实及郴州市160余名党政官员腐败窝案。

2008年2月22日，湖南省高级人民法院依据雷渊利的犯罪事实和重大立功表现作出二审判决：以受贿罪、挪用公款罪和贪污罪，判处雷渊利有期徒刑 20 年，剥夺政治权利 5 年，并没收个人财产 32 万元。

雷渊利任职期间收受他人财物高达 671 万余元，除此之外，他还利用职务之便贪污公款 18 万余元，他对这笔小钱动心思的行为让很多人无法理解。今天，我们走进雷渊利揭开这个谜。

**【同期声 雷渊利】**

哎呀！说了这个事，怎么说呢？家人不会理解，外人不会理解，以后有很多人骂我，因为我当时跟一个女人有过一段关系。我在永兴当县委书记的时候，当时为了使她不要再缠着我，我把她夫妻两个人全部调到郴州来了。调到郴州以后就没有钱买房子。没钱买房子她就说，哎呀！也是没钱买房子，我说这样吧，反正开大会，开大会你管后勤，管财务，你也在这里打点主意，看怎么样？然后她就开了假发票，开假发票就贪污了 18 万块钱。

**【解说】**

检察院在受案期间，发现雷渊利存在一个职务犯罪误区。他认为："帮别人办事，朋友、情人收点好处，自己不拿不要，不会犯罪。"虽然雷渊利在情人贪污 18 万余元中没有拿到一分钱，但是检察院审查此案中了解到，他指使情人虚开假发票实施了贪污犯罪，起到了主犯的作用。所以，检察院仍然依法指控雷渊利犯有贪污罪。

**【解说】**

雷渊利在时任郴州市副市长期间，对城区的 32 条道路进行了改造。2002 年年底，一家公司董事长兼总经理侯某，投资兴建五星级郴州华天大酒店，为取得雷渊利的支持，一次就送给他现金 100 万元。随后，雷渊利批示同意以市住房公积金管理中心的住房资金作质押，为侯某贷款 3000 万元。在雷渊利心目中，这不仅仅是帮忙，就是一起做合作。投资商在前头操作，雷渊利以合法的身份帮他解决一些问题，这样雷渊利就越陷越深了。

**【解说】**

湖南省郴州市鲁唐大市场房地产开发公司原董事长周吉缺少资金，雷渊利非法使用 1650 万元住房公积金为周吉质押贷款，周吉先后送给雷渊利共计 235 万余元财物。

**【同期声 雷渊利】**

因为我当时觉得，把公家的钱放在银行质押，然后从银行贷点款，这不是犯罪行为。

**（原告有以下的画面同期声）**

因为，我那时候想，就是说我帮他做，可是我出了这么大的力，那我的这点工资，你请我吃个饭，反正你一赚就是上百万上千万元，我觉得他赚 1000 万元给我 100 万元，如果没有我，他 1000 万元赚不到，就这样去想问题了。

**【解说】**

雷渊利正是抱着这种思想，先后为两名开发商挪用住房公积金共计 2650 万元。

在雷渊利看来，权力和金钱是一对孪生兄弟，当他拥有足够权力的时候，玩弄金钱也变得难以避免。

**【解说】**

据检方指控，雷渊利先后收受39人贿赂，受贿金额高达671万余元，但是，当检察机关在对雷渊利住宿搜查时，不仅没有搜查到赃款、赃物，甚至发现雷渊利的私人账号处于透支状态。

**【同期声 雷渊利】**

透支3.6万元，我没钱。

**【解说】**

失去监督的为官者一旦贪念滋生，便大口吞噬不义之财。"饱暖思淫欲"的贪官灵魂蠢蠢欲动的首选是女色，而女人看重的是贪官的权势和地位，两者一拍即合，将一发而不可收。

雷渊利在忏悔书——《我的沉痛反思》中写到，自己一共有9位情人，而这个说法成为他"三玩"市长中玩女人的佐证。

在雷渊利9个情人当中，让他最念念不忘的是一个叫黄静的女人。

**【同期声 雷渊利】**

我原来一直跟我老婆的关系不是很融洽，不融洽呢，一直就想离婚，想离婚呢，后面一个小黄，跟我在一起以后，然后的话，那个，我就说，跟她开（玩笑）我说，你生个孩子？生个孩子，我就把这个孩子啊，一生的事情，我都会包起来。然后，果然生了一个男孩子。

**【同期声 办案检察官　梁驭骁】**

所以，他就定了一个贝贝计划。黄某就强迫他，实际上是黄某强迫他，定了一个贝贝计划，这个贝贝计划就是，意思就是每年要存入多少资金，多少钱，到指定的账户上，为了将来这个，他们这个私生子将来的生活所需。

**【同期声 雷渊利】**

因为我算过，有700万元，这个孩子就是一生都不要管了。没有存齐，存了两三百万吧。

**（资料盘有这个雷渊利同期声画面）**

我不怨别人，我也不归结到别人身上去，还是在你本人。别人送钱给你，你可以不收。女人到你身边来，你可以不去动。交友，你自己把握得好，你哪怕就是跟坏人在一起，你也可以自己不变坏。所以说，还是主观的问题，不是客观的问题。

**【解说】**

雷渊利案件是一起典型的商业贿赂案件，权力寻租为雷渊利换来的金钱、美色让他不能自拔，也让他由副市长变成了囚徒。商业贿赂作为经济活动中的潜规则，不仅破坏着正常的市场秩序，同时也侵蚀着人们的道德底线。

雷渊利在服刑中终于苏醒了，他在监狱组织的一次警示教育现身说法中说："万恶之源皆为'贪'。我的犯罪也是从'贪'开始的。在仕途顺利，事业有成时，没有把握好自己，忘乎所以，利令智昏，贪欲恶性膨胀，在罪恶的深渊里不能自拔，最终让贪欲送进了牢房。"

雷渊利在狱中写了一首顺口溜，算是对沉痛教训的总结："人生在世难百年，谨慎把握每一天，遵纪守法第一位，钱财女色切莫贪；一旦失足千古恨，身败名裂悔也晚，平淡自由过日子，胜于地位与金钱。"

雷渊利发自心灵的忏悔令人反思，但愿雷渊利以身试法的警钟经常在当权者耳边长鸣。

**字幕**

## 误区之三：

"没有中饱私囊，只是好心办坏事，不算违法犯罪。"

### 【解说】

作为一名国有企业的领导干部，确实负有管理好国有资产并使之保值、增值的义务。如果他超越法律的界限实施自己的权利，也会走上违法犯罪的道路。

刘志坤是国有企业的公司经理，他所在的公司全名叫大地回春绿色工程有限公司，是由园林局、环保局等几家单位共同主办的。这个公司以城市绿化和环境治理为主要经营内容，属于国家重点扶持的一个新兴行业。刘志坤不仅是环境工程专业的研究生，还到国外进修培训过，被上级领导寄予了厚望。

但是，他在任职期间擅自动用国家下拨开发低草场品种的专项资金1100万元，用于倒卖进口水果、炒股，几个月之内给国家造成了800多万元的经济损失。我们追溯刘志坤违法犯罪的原因，发现他在任职期间思想中曾经存在着一个职务犯罪的误区，他认为自己的初衷是急功近利，不是为个人的私利不会犯罪。可是，出乎他意料之外的是，由于他违规决策掉进夸大其词地投资进口水果的陷阱。

【同期声 刘志坤】

我想了一夜，我有一种冲动，想试一下。你能保证吗？

【同期声 王　慧】

没问题，两边的市场我都看过了，下周三我就回去，三两天我就可以发货。但是就这么着，你负责资金和市场，我负责那边的货源，比例就你七我三，行吗？

【同期声 刘志坤】

那好吧，那就这么着。

【同期声 刘志坤】

下午的事怎么样？王慧？

【同期声 王　慧】

没问题，你看，这水果它是中美政府间的农业合作项目，我又跟佛罗里达农业局拿到授权代理，所以我觉得授权上首先是没什么问题，而且最主要的是它周期特别短。

【同期声 刘志坤】

周期多长时间？

【同期声 王　慧】

两三个月吧，合着比你做草坪的时间要短得多了吧？它起码是一个短平快项目。

【同期声 刘志坤】

回报率怎么样？

**【同期声 王　慧】**

回报率最少得百分之二三十吧。

**【同期声 刘志坤】**

钱我是有，在账面上放着呢，这是专项资金，是不能随便动的，它是专门用于低草坪开发的，所以必须做到万无一失。

**【同期声 王　慧】**

那肯定没问题，这咱们要设计，肯定是多赢，那边得让你说得过去，这边咱们按比例分成，肯定不能让它有什么闪失，对不对？你放心做肯定没问题。

**【解说】**

雄心勃勃的刘志坤怀着一种侥幸的心理开始冒险了，在既不向上级汇报，又没有认真做好市场调查的前提下，仅凭着对同学和朋友的信任，刘志坤擅自做出决定，从国家给公司的专项拨款中抽出400万元购买进口水果。然而，计划没有变化快，南方柑橘大丰收，使得公司从美国进口的西柚一下子就失去了市场竞争力。刘志坤开始感到情况不妙，马上派人考察市场。

**【同期声 王　慧】**

并且我还觉得，市面还是对这种进口水果比较排斥。

**【同期声 刘志坤】**

还有没有其他的办法，那就降价吧。

**【解说】**

这批盲目引进的水果由于销路不畅，只有小部分以低价处理，大部分因为天热高温，都坏掉了。水果生意使公司损失了300万元。

**【同期声 段 强】**

现在股市很好啊，现在股市是牛市，全线飘红，尤其是科技板块的IT行业，各股看好，这些股都是黑马股。

**【同期声 刘志坤】**

亏了300万元啊，得给补上，你现在做得怎么样？

**【同期声 段 强】**

我现在做得很好，我的本已经翻了几番了，我就是苦于本小。

**【同期声 刘志坤】**

那好，我一不做二不休，全部投到股市上，你帮我炒。

**【同期声 段 强】**

没问题。

**【解说】**

刘志坤听完段强的股经后，又动了心，从急功近利想扩大公司资本，到急于冒险想以炒股来弥补300万元的损失，他又私自决定把账上仅有的700万元全部投入股票市场。真是天有不测风云，由于国内和国际诸多因素的影响，使得股市大盘短期内一下暴跌到1300点。刘志坤所投入的各支股票总和损失70%以上，共计达500万元。

刘志坤的行为引起了上级主管部门的注意，检察院开始对刘志坤立案侦查，并提起公诉。刘志坤身为国有公司的主管人员，严重不负责任，滥用职权，几个月内就给国家造成了 800 万元的重大经济损失，其行为已经构成国有公司、企事业单位人员滥用职权失职罪，人民法院依法判处刘志坤有期徒刑两年。

## 【解说】

国家机关领导干部和工作人员，应该清醒地认识到自己在任职期间，是代表单位参与经济活动，在履行职责过程中，要只有牢固地树立法律意识，不断争强责任感和使命感，才能保证避免公共财产、国有资产遭受重大损失。

职责不容亵渎，法律不容儿戏。维护国家利益，构建和谐社会，必须严惩这种"不装腰包的腐败"。

**字幕**

## 误区之四：

## "单位留个'小金库'，我一分钱也没挪用，犯不了法。"

## 【解说】

于小兰是原一清集团总会计师。90 年代初，正当各个单位第三产业蓬勃发展时期，年富力强的于小兰刚刚成为一清车辆厂的会计，每月大笔的资金源源不断地经过她的手，这些资金成为一清集团重要的收入来源。唐文福，原一清车辆厂厂长，这个在一清车辆厂说话算数的一号人物，面对大量资金，他开始有了自己的想法。由于清洁车辆是按照事业单位薪资标准支付下属单位职工的工资，下属单位在经营盈利后再以垫付款名义给一厂返款。因此出现了收支两条线，十多家三产公司到底收入多少资金，上交多少资金，留下多少资金，成为企业领导考虑的大问题。作为企业的领导，唐文福当然希望交一部分留一部分，不管是为了企业还是为了自己，他都想把更多的钱留下了。为此，他找到会计于小兰，让她单做一笔账，以应付国资委的审计，另外将一大笔资金放到账外，这样企业的小金库就建立起来了。到案发为止，这个小金库一共在公司账外存入了3600余万元人民币。与其他单位的小金库不同的是，这个要金库只有唐文富和于小兰两个人知道。因此，从小金库建立时，这笔钱就有了不可告人的秘密，于小兰也因此成为唐文福最信任的人。

**【解说】**

1993年，唐文福将于小兰提升为财务科长。之后，于小兰又托人搞到一本假会计师证，为日后的进一步发展奠定基础。唐文福不仅在行政方面不断提拔于小兰，经济上也给了于小兰不少的实惠。1998年9月，为了改善干部职工的生活，改善住房条件，一清车辆厂购买了经济型住宅小区，准备将48套住房予以分配。这些住房无疑可以解决大家多年住房困难的问题。唐文福为了拉拢于小兰，特地在距职工小区两站地的地方，以公款购买了三套豪华住宅，他自己留了一套，给了于小兰两套，从这一点就足以说明他对于小兰的重视。若干年后，于小兰出售了其中一套住房，全部销售现金归己。

**【解说】**

于小兰为了对付上级的审计，每到年底她拿到银行的对账单后，把其中大项收入每一项做一张假凭证，然后再从银行找到熟人，跟他索要一张空白的兑账单据，作为吸储为主要业务的银行业务员，对于这个上千万元的大储户言听计从，每年的吸储任务成了的这个业务员的主要工作内容。3600 多万元的资金足以把其他业务员的业绩甩在后面，在他明知不能将银行内部单据向外提供的情况下，每年都向于小兰提供一张非法单据。于小兰将空白单据拿回单位后，精心研究，细心操作，用针式的打印机根据银行对账单的格式打一张仿制的假单据给财务留底，这样，财务的收支便与银行的收支达到了平衡，收支一平衡审计便看不出问题，于小兰就是这样一次一次逃过审计这一关的。

**【解说】**

2006 年 3 月，唐文福因病死亡，他死亡前既没有向政府交代这笔钱的去向，更没有机会花掉这 3600 万元中的一分钱，这样知道这笔钱下落的只有于小兰一个人了。于小兰作为一清集团的总会计师，原来一直都是与唐文福合作建立小金库的，现在知情的就只剩下她自己了。这笔 3600 万元的巨款，到底如何处置，也成为摆在于小兰面前的一个巨大的难题。

**【解说】**

在北京环卫集团成立时，所有四个车辆厂及董村垃圾处理公司注销，于小兰谎称董村公司的所有财务手续丢失，她继续拿着已经不存在的公司全部手续，继续控制着巨额资金。为了深藏资金，于小兰利用手中掌握的唐文福的印章及银行办理的全部手续，她找到东大桥某银行经常办业务的熟人，将钱转到她认为安全的银行，某银行的工作人员对国有资金不负责任的态度，给了于小兰可乘之机。由于对资金手续把关不严，让国有资产成为个人随意控制的资产。

**【同期声 中共北京市纪律检查委员会一室主任　田明海】**

于小兰犯罪手段一个典型的特点就是，将大量的国有资金隐秘在外。隐秘在外的同时还不放心，认为这样并不安全，所以经过我们调查查明，到案发的时候，于小兰总共有3次，将上千万元的资金从不同的银行账户来回地转来转去，目的在于隐秘账外的资金，不让别人发现。在恰恰充分说明了她主观上具有贪污这笔款项的主观故意。尽管于小兰绞尽脑汁，将账外资金转来转去，但是最终的结果，仍然是徒劳的。在我们强大的侦查力量调查队伍面前，它是没有任何作用的。

**【同期声 丰台检察院反贪污局侦查处助理检察员　高　斌】**

虽然涉案金额非常大，但案情比较简单，在这两个多月的时间内进行了大量的调查取证工作，询问的一些相关的证人至少三四十人。

**【解说】**

2009年5月22日，于小兰接受了北京市第二中级人民法院的一审判决。

**【同期声 审判长】**

北京市第二中级人民法院刑事判决书，依照中华人民共和国刑法第382条第1款，第383条第1款第1项，第2款，第93条第2款，第48条，第51条，第57条第1款，第59

条，第61条，第64条之规定，判决如下：一、被告人于小兰犯贪污罪判处死刑，缓期两年执行，死刑缓期两年执行时间，从北京市高级人民法院核准之日起计算，剥夺政治权利终身，并处没收个人全部财产。

图片说明：张幸民主任接受采访

## 【采访 时任北京市人民检察院政治部主任　张幸民】

私设"小金库"，躲避日常财务监管，使账外资金有了"避风港"，这种做法是一种财务管理的严重违纪行为。"小金库"是诱发和滋生一系列腐败现象的土壤；它导致会计信息失真，扰乱市场经济秩序；严重败坏党风、政风和社会风气，妨碍经济健康发展，影响社会和谐稳定；它是危害党和国家各项事业发展的毒瘤，必须坚决清除。

字幕

## 误区之五：

"这是经集体研究的，出了问题也不应是我个人承担责任。"

**【解说】**

刘金宝曾荣获"上海十大杰出青年"、"中国十大杰出青年"、"全国金融系统劳动模范"、"国务院特殊贡献奖"、"香港 2000 年十大财经人物"、"香港 2002 年度杰出领袖奖"、在日本竞选为中国唯一的"世界十大杰出青年"等多项荣誉。

刘金宝在长达 30 年从事金融工作中，倾注了组织上对他的培养的心血，寄托着国家金融体制改革对他的厚望。但是，由于刘金宝的思想领域循序渐进地形成了在人际交往中的职务犯罪误区，使他在长达 7 年的违法犯罪生涯中给国家造成直接、间接经济损失近 10 亿元。

刘金宝的犯罪窝案不仅震惊了中国整个金融界，引起了中共中央高层领导的极大关注，政治局 9 名常委中有 6 名就此案作出批示。国内外新闻媒体也相继报道了从北大荒的拖拉机手到中国银行伦敦分行的交易员，从银行普通职员到省级银行最年轻的行长，从金融系统第一家境外上市公司总裁到死缓囚犯，这一位从功臣到罪犯的典型样本。

**【解说】**

2003 年 5 月 22 日以后，这位中国银行副董事长，中国银行香港有限公司总裁刘金宝和他的两个副手朱赤、丁燕生，还有他办公室总经理张德宝等人，因涉嫌贪污、受贿、巨额财产来源不明，陆续被检察机关逮捕。

由于，涉案人员都是银行内部的高层管理者，而其中绝大部分又是中国银行外派到香港任职的，这个腐败窝案，当时震动了中国整个金融机构。

**【解说】**

2005 年 7 月 12 日，吉林省长春市中级人民法院，开始对这个全国罕见的腐败大案进行公开审理。

**【同期声 审判长】**

吉林省长春市中级人民法院刑事审判第一庭现在宣布开庭，传被告人刘金宝、朱赤、丁燕生、张德宝到庭。

**【同期声 公诉人】**

经依法审查查明，被告人刘金宝单独或与他人共同贪污公共财务共计折合人民币 14488730.80 元。

**【解说】**

这里就是吉林省长春市铁北监狱，刘金宝曾担任一把手时，中国银行上海分行和中银香港的两个班子成员的 7 个副手以及下属，先后判刑后与刘金宝一起在这里服刑。

**【解说】**

1997 年 8 月 11 日，刘金宝出任中国银行港澳管理处的副处长，主持全面工作。

从 20 世纪 80 年代开始，中国银行给港澳管理处规定了一个制度，就是每年拿出利润的 3% 作为对员工的奖励。

刘金宝前面的几任主管每年发放奖金的时候都节余了一些，这样经过十几年，到刘金宝接收的时候，这笔奖金节余已经达到了3个亿。

**【同期声 刘金宝】**

他们说老刘，我有两三个亿给你节余下来奖金啊。

**【解说】**

当得知两位前任为自己留下这么一大笔奖金节余时，刘金宝的喜悦不亚于来香港任职的心情。他曾错误地认为，集体研究用小金库的钱各位领导按劳取酬分奖金，单位总账体现国家资金没有损失，没有什么不合适的。

**【同期声 张德宝】**

他积极主张在中银香港成立前，全部消化掉，因为数额比较大，所以尽管在2001年9月以前，以一些名义下发了一些奖金，但由于数额比较大，所以到中银香港成立的时候，还有1.07亿的奖金节余。

**【同期声 反贪局副局长 杨 军】**

刘金宝把这笔款从大账挪到小账，又从小账挪到黑账，并由朱赤、丁燕生、张德宝几个亲信掌控，伺机从中贪污。

**【解说】**

在中银香港重组前几天，刘金宝安排张德宝拿出300万港币，宴请即将离任的中银香港的8位主管，并嘱咐给他们每个人发放奖金。

张德宝在自己的日记里完整地记录了当时的情景，也清醒地记下了当时发给八位即将离任的高官的奖金数额。

**【同期声 张德宝】**

然后，确定给每位总经理发 10 万。然后，他又说这段时间我们几个人，就是指刘金宝、丁燕生、我，也挺辛苦，也应该奖励一下。我就说，这个名义上是拿来给离退休的，我们拿好像不太合适吧？他说，嗨，没什么不合适的。刘自己说，他的工资是两位副总裁的一倍，所以奖金呢，也应该是一倍，所以钱，仅仅就在我们四个人当中分。刘得了 50 万，朱赤、丁燕生得到 30 万，我分得 20 万。

**【解说】**

这是一个翡翠猴和一个翡翠观音，是刘金宝在 2003 年 1 月 8 日买的，他有个习惯，无论给家人买什么都会开票，翡翠项链送给了妻子和女儿，刘金宝却将 29650 元的发票交给自己的办公室总经理张德宝报销了。2000 年 4 月至 2003 年 5 月间，刘金宝妻子、女儿和佣人的交通费、餐费、药费、购买珠宝、首饰和宠物消费等用了 141 万港币，都是在张德宝保管的中银香港那笔账外资金中报销的。

**【解说】**

2002 年 9 月 24 日，张德宝的日记上写着，今天身上感到很不舒服，总是有一种不祥的预兆。早上一进办公室，刘金宝就说，是不是赶快把那笔账外账的尾数消化掉？虽然，那时离 2003 年春节还有三四个月，春节的利市和礼券都可以一并发了。在朱赤和丁燕生的建议下，我们又发了 5 年的车补款，就这样，刘金宝、朱赤、丁燕生、张德宝巧立名目以各种名义大肆贪污公款。2001 年 9 月和 2002 年 9 月，刘金宝两次叮嘱张德宝将发放账目全部销毁。这时，刘金宝虽然表面上从容镇定，内心愈发充满了惶恐不安。

**【同期声 刘金宝】**

我看到这个，马上到泰国请了一个多面佛嘛，我想压压邪，也没压住。

**【解说】**

2005 年 8 月 12 日，吉林省长春市中级人民法院做出一审判决。刘金宝贪污 23 起，折合人民币 1428.87 万元，个人实得 752.07 万元。受贿三起，折合人民币 143.8 万元，巨额财产来源不明，折合人民币 1451 万元，决定执行死刑，缓期两年执行，剥夺政治权利终身，并处没收个人全部财产。

**【同期声 刘金宝】**

尊重法院的判决，积极改造。我感觉一个人要知足。金融机构应该收入比别的机构别的人多了，当然责任也很大。在我们这个生活环境中待遇都不错，不要过高地追求待遇。这个要知足，在经济方面，要严格把关。在这个地方能够把住关了以后，在预防经济犯罪方面会起到很好的作用。

**字幕**

吉林省长春市中级人民法院对刘金宝班子中的其他成员及其他涉案人分别作出判决：

原中国银行（香港）有限公司副总裁朱赤，因犯贪污罪判处有期徒刑 13 年，并处没收个人财产 200 万元；

原中国银行（香港）有限公司总裁丁燕生，因犯贪污罪判处有期徒刑 13 年，并处没收个人财产 200 万元；

原中国银行（香港）有限公司总裁办公室总经理张德宝，因犯贪污罪判处有期徒刑 8 年，并处没收个人财产 150 万元。

原中国银行上海分行副行长王政，因犯贪污罪、受贿罪数罪并罚，合并执行有期徒刑 16 年，并处没收个人财产 90 万元；

原中国银行上海分行副行长严庭富，因犯贪污罪判处有期徒刑 6 年，并处没收个人财产 30 万元；

原上海瑞金大厦有限公司总经理薛章能，因犯贪污罪判处有期徒刑 5 年，并处没收个人财产 20 万元；

原中国银行上海分行行长办公室副主任顾继东，因犯贪污罪判处有期徒刑 2 年，并处没收个人财产 3 万元；

原上海万泰集团董事长钱永伟，因犯单位行贿罪判处有期徒刑 3 年 6 个月，并处单位罚金 100 万元。

【解说】

这起震惊全国的大案、窝案给人们留下了深刻的警示和多层的反思。有的在职官员错误地认为违法违纪问题只要经过"集体研究"，就可以为自己开脱，个人可以不承担法律责任。因此，他们往往对违法、违纪、违规的问题通过"集体研究"开放绿灯，在"集体研究"的名义下，置法律法规于不顾，可以研究擅自挪用公款，可以研究私分国有资产，可以研究接受回扣，私设小金库，可以研究利用公款挥霍浪费，甚至行贿。集体腐败，利益共享，又可以"法不责众"，个人不承担责任。这种侥幸心理使一些官员如"飞蛾扑火"，深受其害。

**字幕**

# 误区之六：

## "逢年过节、人情交往收点礼金，不为过错。"

**【解说】**

傍权者为了达到用权的目的，从研究领导干部的爱好入手，博其所爱，投其所好，把一个个原本"桀骜不驯"的领导"驯服"成按照傍权者意图行事的人物。然而，这一"钓鱼上钩"的"驯服"过程，都是瞄准了一些领导干部爱好的"兴奋点"、情趣的"易燃点"和意识的"盲点"，采用循序渐进的办法，通过从细微处关心、悄悄地亲近、不声不响地"滋润"进行的。

**【解说】**

原哈尔滨市人民防空办公室一个地下人防工程，按照平战结合的原则，人防办决定投资了两千多万元把它改造成一个大型商场，由人民防空办公室的一名处级干部张庭浦出任总经理，营业收入将用作人防办的事业经费。

国贸城经营方式是出租售货摊位，开业后生意十分红火，2200 多个摊位很快就出租一空，客流量也跃居全市同行业首位。随之张庭浦的名声大振，成为新闻媒介争相报道的人物，被誉为有突出贡献的青年企业家。但是，张庭浦没有向人防办交过一分钱。这时，在张庭浦的思想里出现一个误区：我只要有庞大的关系网，经营的企业违反点原则也不会当被告。在这种思想的指导下，张庭浦先后以金钱为诱饵，促使 67 名职能单位干部被依法立案侦查，其中局级干部 7 人，处级干部 13 人。

随着张庭浦案件的调查深入，一位更高职务的官员违法犯罪的事实暴露了。此人是原哈尔滨市常务副市长朱胜文，他收受了张庭浦的 7 万元钱后，便在减免税决定上大笔一挥，使 1000 多万元的国税化为乌有。发人深思的是朱胜文根本就没有批准减免税的权利，居然也能让张庭浦的企图得逞。更令人不解的是朱胜文被检察机关对其采取强制措施以后，仍然没有认识到自己的受贿行为是违法犯罪。

**【同期声 采访人】**

在当天对你审讯的时候，你自己写了一篇关于我的灰色收入？

**【同期声 朱胜文】**

因为从我家里头抄出的东西看，类似像开业典礼啦，看病啦，过年、过节啦，给点奖金，劳务费、这费那费啦，这些情况不是违法的，只能说是灰色收入。

**【解说】**

这就是朱胜文所说的他的灰色收入，专案组在朱胜文的家里搜查出的财务价值共计人民币 200 多万元。

**【解说】**

从搜查的物品看，金银首饰、珠宝、项链这就 40 多件，47 件。还有一些贵重的物品，另外现金、有价证券存在着的，有在床底下的，地毯下面的，衣柜、书柜、花瓶里，甚至把有价证券、现金存放在阳台，阳台的面口袋里。

**【同期声 朱胜文】**

这不能算是受贿，只能是人情交往。你说我住院的时候，方方面面来看我，送花篮的，送水果的，绝大多数送钱的、送信封的。他讲这个钱最少30万元，有可能还多，是灰色收入，他觉得我这个职务有人来看我，给我拿钱，我就可以理所应当地收下了，他认为就是灰色的，实际上就是受贿。但是为了减轻罪责，他把黑色的变成灰色的。

**【解说】**

朱胜文生一场病，住几次医院就能得到几十万元，这些钱相当于一个普通家庭几十年的总收入，本应是人民公仆的朱胜文心安理得地收下这些钱，并轻描淡写地称之为灰色收入，由此可见人民公仆这个称号在朱胜文的心目中究竟占有一个什么样的位置。

**【解说】**

朱胜文1991年开始担任哈尔滨市副市长职务，1987年之前，他是黑龙江商学院的一名教师。

**【同期声 朱胜文】**

因为我在学校教学的时候，我跟学生，包括毕业班讲话的时候我在毕业典礼上专门讲了。

**【同期声 采访人】**

你的官一步一步升高，你的官越来越大，这种送钱送礼是不是越来越多？

**【同期声 朱胜文】**

对，而且由小变大，由小的变成大的，散的变成集中的。

**【解说】**

在朱胜文的家里起获了大批不义之财，其中张庭浦的行贿在这里只是个零头，其余钱物是谁送的？这中间又有什么交易？专案组紧追不放，又查出了一个个搞权钱交易的腐败和犯罪分子。

目前已经查实，不法港商黄忠国向朱胜文行贿5万元人民币，为骗取数千万元的贷款创造条件，巨额贷款至今无法追回。朱胜文收受哈尔滨医药集团总经理张春辉十万元贿赂，在对张春辉的行贿问题进行调查时，又发现张春辉贪污170多万元，挪用公款250万元。在给朱胜文行贿的人中，还查出哈尔滨市城市信用联社主任赵德庆等人的受贿、徇私舞弊等犯罪事实。

**【同期声 采访人】**

受贿是个什么情况？

**【同期声 朱胜文】**

应该都是熟人，没有不熟的人到这给你拿钱，那样也不可能。

**【同期声 采访人】**

这些熟人看重你朱胜文个人还是看重你的权力？

**【同期声 朱胜文】**

看中我的权力呗！求我个人办事的，现在也没有人求我，因为我也没有这个权力，还是冲我的职务、权力。他们的心态主要是想把这事儿办成吧？按照社会的原则，办事应该给钱，这是一种交换。

【解说】

权钱交易，以权谋私，是在市场经济新形势下的恶劣发展。谋取的对象，从过去多属实物形态转变为货币形态。

哈尔滨市国贸城一案是近年来反腐败斗争的一个重大成果，同时它所暴露出来的权钱交易之猖獗，它使我们看到了反腐败的必要性和紧迫性。从而对反腐败关系到党和国家生死存亡的论断有了更深刻的认识。朱胜文等一批贪官污吏被绳之以法又一次证明了天网恢恢疏而不漏。同时，国贸城一案也使我们看到了党和政府反腐败的决心和勇气，无疑它也将更加坚定人民群众铲除腐败的决心。

【采访手记】

随着我国市场经济的多元化，经济活动的复杂化，国家工作人员职务犯罪的"概率"也在增大，一不小心误入"雷池"的可能性也在加大。"不把违法当违法，不把犯罪当犯罪"，"到了双规才明白，进了监狱才后悔"，一件件触目惊心的渎职侵权案例，一次次痛彻心扉的忏悔，给公职人员预防职务犯罪敲响了沉重的警钟！

春风吹来满眼绿 芳菲深处是我家，党和政府告诉她的人民：一个政党、一个政府，她要打击犯罪、保护人民，让权力在阳光下运行，让她的人民有尊严地活着。行得春风有夏雨，于无声处听惊雷，法律的威严警示着公职人员：权力来源于人民，责任重于泰山；手莫伸，伸手必被捉；法律的精神是公平、是正义，法律的绳索正在黑暗中守候触犯它的人。

# 贪官"雅贿"问题访谈录

总撰稿　陈复军

采　访　陈复军　李建成　贾　晟　于　然

【同期声 时任北京市人民检察院综合处副处长　韩　冰】

2011 年 1 月 13 日《北京晚报》报道了北京市门头沟区原副区长闫永喜受审一案，报道中有闫永喜高价卖犬，并以这种手段收受 500 万元贿赂的情节。在 2007 年之前，闫永喜这一受贿手段确实具有隐蔽性，但这几年来，贪官们受贿的新手段层出不穷，给司法机关办案提出了很大的挑战。

图片说明：时任北京市人民检察院综合处
副处长韩冰接受采访

字幕

## 警示之一：低买高卖已界定为"受贿"

**【采访 时任北京市人民检察院政治部主任　张幸民】**

新的司法解释一发布，闫永喜高价卖犬这种行为，无疑就属于受贿了。

在这一司法解释中，还用赌博赢钱的形式收受请托人钱财的行为，明确界定为受贿。

**【同期声 时任北京市人民检察院综合处副处长　韩　冰】**

不过，贪官们有"钻研"受贿新方法的精神，最近几年，所谓"雅贿"，使受贿更难以认定。

图片说明：时任北京市人民检察院
政治部主任张幸民接受采访

**【采访 时任北京市人民检察院政治部主任　张幸民】**

2008年底，原西城区法院院长郭生贵被判死缓。在郭生贵一案中，检方指控他收受三幅价值昂贵的名人字画，但法院最终没有认定。2010年重庆法院审理的文强案中，涉案的360万元的字画也未予以认定。据悉，检法两家出现这种分歧，是由于对于字画的真伪和价值没有统一和权威的认定标准，法院认为不能完全排除对于字画真正价值的合理怀疑。

**【采访 时任北京市人民检察院政治部主任　张幸民】**

然而，字画的真伪与真正价值如何界定呢？北京市人民法院曾审理过一起赝品案，当时尚在世的大师吴冠中亲自在涉案画作上写下"此画非我所画"，但法院最终却没采信吴老的证明，因为在古玩书画界，作者本人的证明并不算数。

"雅贿"使贿赂的数额难以认定，这是目前"雅贿"行为渐多的原因之一。此外，古玩字画收藏界所特有的"捡漏"、"打眼"行规，也给一些贪官提供了受贿的新方法。行贿者精心安排后，带贪官去古玩店"闲逛"时低价买了个被认为是赝品的古玩回来，后来一鉴定，发现是真品，于是，该贪官"捡漏"大赚了一笔。

反贪部门在办理自侦案件中，碰到不少隐蔽的行贿方法。除了"雅贿"外，还有开发商卖给贪官家人房子，然后故意一房两卖，贪官家人告到法院后，开发商再通过法院判决，支付给贪官家人一定的赔偿。

**字幕**

## 警示之二：雅趣背后隐藏的是贪欲

**【解说】**

近年来许多贪官对风雅情有独钟，在许多人眼里高雅的情趣爱好似乎是品行良好的标签，良好的品行和一个人的趣味有一定的关系。是不是情趣高雅就一定品行良好呢？

浙江省海宁市有一位副市长叫马继国，特别喜欢收藏字画，人称风雅市长。这位市长的确有些风雅，这是检察机关在马继国家中搜出来的东西，仅仅光书画作品，侦查人员就用了5个大木箱子，其余的物品也被放满了4个大铁皮柜。检察机关共查明马继国从1998年到2004年期间，利用职务便利为他人牟取利益，收受他人所送的字画、古玩及现金共计106万多元人民币。看着这么多的名人字画、珍贵古玩，瓷器和世界货币藏本等物品，敢情这马继国还真够附庸风雅的。那这马继国到底是不是这方面的行家呢？

**【同期声 嫌疑人　马继国】**

有一些包括字画，真的假的我也不清楚，究竟是什么价值我也搞不清楚。

**【解说】**

看来风雅是假，藏在背后的说到底还是对金钱的贪欲。马继国被法院以受贿罪、滥用职权罪被判处有期徒刑15年。

**【解说】**

有的官员更是长袖善舞，敢把别人的秀成自己的，有的干脆来一场超级明星秀。

广西自治区国税局原局长杨立峰就是这样一位有才的局长，他所领导的柳州市国家税务局各项工作都搞得红红火火，其中有13项业务荣获全国第一，该局先后被评为全区全国模范税务局。杨立峰的管理模式和管理理论作为先进经验被广泛推广，他自己也曾十数次立功受奖，并荣获过全国税务系统先进工作者和自治区劳动模范等荣誉称号。杨立峰署名出版的第一部著作，《求索》，洋洋洒洒有 30 万字之多，其内容均是 20 世纪 80 年代至 90 年代柳州市国税局的工作计划、报告和经验总结。这些文章中，不排除杨立峰加进了自己的删改意见，但更多的还是那一时期税务机关文秘人员心血的结晶。1998 年柳州市国税局组成 9 人的编写小组，苦战数月，将这些资料整理成书，而杨立峰，却将这个属于集体的知识成果个人署名出版。不久之后，杨立峰的另一本专著，毛泽东兵法与商战谋略又告问世，在该书的后记中杨立峰写到，为了完成这本书，他看了近千万字的资料，熬了一年，几乎把所有业余时间都挤了出来。40 多万字的初稿，他八次修改，最后终以 30 余万字成书，真可谓殚精竭虑、呕心沥血。

## 【解说】

其实这只是一个谎言，1996 年，一作者将自己所做的数十万字的《毛主席教我打商战》一书书稿送到某出版社，后该书因故未能出版，该作者便委托出版社编辑全权处理此稿。1997 年底，杨立峰的朋友，一个文化经济人到该社联系工作时获悉此事，便想到了杨立峰，杨立峰以巨款买下了这本书稿，并在略加修改之后，以"毛泽东兵法与商战谋略"为名，以自己为作者，将之自费出版。若不是杨立峰东窗事发，恐怕谁也不会想到他是一个沽名钓誉之徒。检察机关查明，自 1992 年至 1997 年杨立峰贪污公款 277 万元人民币，还有 1052 万余元人民币，3.1 万美元不能说明合法来源，擅自挪用大笔税款作为投资和借给其他单位使用，造成 950 万元损失。

**【解说】**

海南文昌市市委书记谢明中，28 岁任正处级，38 岁跃上正厅级，曾被视为海南政坛一颗耀眼的新星，被称为明星书记。谢明中很有口才，他经常脱稿演讲，一讲几个钟头，说得头头是道。谢明中的好口才主要用在表白自己上，他经常在干部大会上说，作为一把手，社会上都有一种误解，工程来了，一把手肯定有份，不论你是否受贿，人家都以为你拿了。在今后的工作中，我还是坚持我原来做人的准则，良心第一。没有良心的人是做不了事情的。谢明中还有干才，他频频亲临第一线，检查属下们的落实情况，带领偏于海南岛东北角的侨乡文昌，从恢复性增长到加速性增长，五年间，财政收入翻了五倍，短时间内谢明中赢得了能说能干，敢闯敢干的口碑。这个干才还表现在为自己造事上，谢明中在文昌任职期间，开动所有宣传机器为自己歌功颂德，什么风雨兼程三年多，文昌崛起唱新歌，劳苦功高是哪个？姓谢书记人人说。还有风雨兼程四年多，科技兴市唱新歌，开拓进取闯新路，明中书记人人说。有一名局长甚至在当地出版的一本杂志上说，中国出个毛泽东，文昌来了个谢明中。为此，谢明中不仅坦然接受，甚至还嫌不够，在 2005 年，自己印了一本书，取名我当市委书记这三年，逢人便签名送书，这本书成为文昌市发行量最大的书。一些善于逢迎巴结的当地官员，纷纷以获得谢明中的签名本为荣，人前人后赞美谢明中是百年一遇好书记。

**【解说】**

2007年11月，这个百年一遇的好书记，就像时下的天价月饼，露了馅儿，这是办案人员从谢明中的广州化州老家搜查出19个装钱的密码箱，从1992年至2007年，谢明中以索贿受贿，巨额财产来源不明，拥有2500多万元的业绩，摘取了海南头号贪官的名声。若是留心时下的一些贪官的发迹史，你会发现，大多数不是这模范就是那先进的，荣誉桂冠一大堆的，一方面他们确实曾经有能耐有本事，另一方面他们把这种能耐本事用在秀才华进行红色包装上了。但是这些红色包装，无论多么华丽，最终也无法遮盖他们的黑色劣迹。

杨立峰以贪污罪、玩忽职守罪、巨额财产来源不明罪被判处无期徒刑。谢明中以受贿罪、巨额财产来源不明被判处死刑，缓期两年执行。

**字幕**

## 警示之三：营造"好名声"背后搞"贪腐"

**【解说】**

福建省连江县原县委书记黄金高，这个肆无忌惮的牟取私利的人，却将自己扮成反腐斗士。2004年8月，向人民网发表耸人听闻的文章，防弹衣为何穿了6年，声称我在查处轰动全国的福州诸案时，曾26次接到过恐吓信件和电话，对我进行生命威胁，几年时间由公安部门派出保卫人员护送，我整天穿戴防弹衣上下班。2002年1月，我从福州财委调任连江县委书记，以为可以摆脱这种生活状态，但在组织查处一起因官商勾结而造成国有资产流失的典型腐败案件，连江县宾路开发建设腐败案时，再次受到威胁。下乡、外出又得带防弹衣，我对此并不感意外，但得不到上级有关领导和相关部门的支持，我深感困惑。一时之间，许多媒体纷纷转载，哄动一时，黄金高俨然孤胆英雄，然而就是这个反腐斗士，却是个十足的贪官、淫官。黄金高早从1993年开始，就利用职权在干部提拔任用和专项资金拨付中，为他人牟利，非法收受他人财务500余万元和金砖、寿山石、笔记本电脑等贵重物品。同时腐化堕落，长期包养4名情妇。

## 【解说】

四川省交通厅原厅长刘中山在当地以清廉著称，就因为他善于如此这般的演习，刘中山除了衣着朴素、饮食简单，且逢会必讲反腐倡廉外，更令人惊叹的是他的动真格。一次澳星公司派人将100万元现金送给他，他专门让厅纪检组和保卫处将这百万贿赂款退回给澳星公司，还有几次他让门卫把前来行贿者轰出大门，从此，他便得了个廉政厅长的美名。然而就是这个两袖清风的廉政厅长，却是个十足的贪官。当检察机关搜查刘宅时，大家都惊呆了，这座豪宅里竟停有一辆价值140万元的奔驰，且财产总额居然超过1300万元。原来，他收钱有个原则，就是绝对安全，对那些不保险的钱，他会毫不留情地拒之门外。

**【解说】**

重庆市城市照明管理局原局长冉崇华大肆受贿，甚至收受不法商人的一套住房，从购房到装修都是那商人出钱，甚至写了租房协议字据，打了租房款给那商人。冉崇华夫妇煞有介事地对到访的亲戚朋友诉苦，工作这么多年，连房子都买不起，这套房子还是租住的，真是上无片瓦遮身，下无立锥之地，一出清贫为官的戏，演得让人唏嘘感动。这秀太过了，就惹来了关注，因为太不合理，最后被揭发了。

刘中山因贪污罪、受贿罪被判处死刑，缓期两年执行。租房局长冉崇华，因收受贿赂 288 万余元，滥用职权给国家造成损失 560 万余元，被判处有期徒刑 14 年。

**字幕**

## 警示之四：打赌赢来请托人的财物也是受贿

**【解说】**

首钢火热的熔炉，曾经把他锻造为杰出的企业领导和劳动模范，然而利欲的驱使和金钱的诱惑，却又使他腐蚀和堕落，他最终成为了钢铁工人的耻辱。

孙俊学这个让首钢许多人都曾经牢记的名字，他是首钢的知名人物，特别是在他担任首钢总经理、经贸部部长期间，曾带领大家克服过复杂恶劣的外部市场环境，出色地完成了首钢总公司钢材销售任务。也正是这些成绩，让他从 1997 年以来先后荣获了首钢优秀共产党员、首钢劳模、北京市劳模等一个又一个殊荣。年满60岁的孙俊学，看着自己在职时丰厚的收入和退休后的养老金，大可以安度晚年，享受儿孙满堂的天伦之乐，就是这样一个立过功、受过奖的人，为何一夜之间成为了阶下之囚呢？

**【同期声 嫌疑人首钢集团原总经理　孙俊学】**

我算进入了小康了吧，女儿出嫁了，女儿、女婿工作都不错，我老伴是特钢技术处的，退休了，每月退休金也1000多，我每个月包括奖金什么恐怕也在4000以上。

**【解说】**

年薪10万元对于一个普通家庭来说，应该也算是充裕了。然而，当他看到那些整天围着他转的私企老板，一个个靠他手里的钢材发了家，成了百万富翁、千万富翁甚至亿万富翁的时候，他的心理严重失衡了。

**【同期声 嫌疑人首钢集团原总经理　孙俊学】**

这样，我就想这些私人老板，你发大财，你发了，你拿这钱不当回事，几万元、十几万元，对他们来说就是九牛一毛，有什么？对咱们这些工薪阶层来说，这了不得，对他们来说无所谓。

**【解说】**

心理失衡就容易在思想上打开缺口，在市场经济环境中一些人为了自己的利益，把掌管权力的领导干部作为主共攻的方向，同时，也瞄准了领导干部的家属和他们身边的工作人员作为攻关的目标，继而不择手段、无孔不入，千方百计地拉拢腐蚀领导干部，以达到权钱交易的目的。北京一家客户就是曾经打开了孙俊学的防线，送给他50万元现金，随后又在怀柔准备了一套200多平方米的房子，送给孙俊学。虽然没有办理过户手续，但孙一有空就带着家里人到那居住、休闲。俗话说不义之财不可得，拿了不该拿的钱，心里就真的那么踏实吗？

**【同期声 嫌疑人首钢集团原总经理　孙俊学】**

数额太大了，当时思想上非常复杂的，两头害怕。交了，就得把他暴露出来，也不好。不交，放在手里面，也是，真是感觉睡觉也睡不踏实。

**【解说】**

为了向孙俊学行贿，这些人更是不惜挖空心思，绞尽脑汁，保定有首钢的两家大客户，相互竞争得很激烈，在竞争中都想办法与孙搞好关系，想得到孙的照顾。

**【同期声 嫌疑人首钢集团原总经理　孙俊学】**

这两家在协调的时候，我去的保定，是冬天去的保定。喝完了酒之后，这杨老板他家是白洋淀的，他才40刚出头，说白洋淀的，水性怎么怎么好。我说你还不一定行，我说老汉快60了，你不一定行。就这么一将火，说喝完酒咱游泳去，我们俩比赛游泳。他说赢了怎么办，输了怎么办？我说我第一输不了，输了你爱怎么办怎么办。赢了我说，他当时开了一个捷达车，我说你输了以后，车归我了。行。一比赛，他输了，他借着这个茬，他说我输给你了，我给你买辆车吧？电话里说的，我推辞没推辞掉，他给办了，买了车，我说买就买吧。

**【解说】**

试想，如果孙俊学只是个没有任何权力的普通老汉，仅凭着水性，一次能赢回来一辆价值10多万元的车吗？没过多久，保定的另一家公司在生意上也遇到了难题，当时他们要把首钢的一批钢材直接发运到南方，要走天津港，按首钢的规定，必须租用首钢船务公司的船。可当时船务公司的船没有回来，想找别人的船，于是打电话找孙想办法，孙说这事不好办。对方接着把话题一转，说我下月过生日，请你过来一块乐乐。老孙说我是你的老哥，下月我也过生日，你不来给我祝寿，哪有我去你那里的道理？放下电话，他很快派人给孙俊学送来了一尊纯金的工艺品金钱豹，作为祝寿的贺礼。

孙俊学就这样一步步走上了贪财敛物之路，就连他的家人也被沾染上了恶习。

**【解说】**

如今，进入暮年的孙俊学、董佩琴两人却夫妻双双蹲在牢房，这带给人们的教训是多么的深刻，正如孙俊学自己所悔悟的，在受贿这个问题上，关键是要把住第一次，如果第一次就伸了手，那以后就像决堤的洪水一样，一发难收，最后等待你的只能是无情的法律和冰冷的铁窗。

**【同期声 时任北京市人民检察院综合处副处长　韩　冰】**

写点书，画点画，搞点创作，弄点收藏，打个赌，赌个博，挣点钱。对于这些形形色色相当隐蔽的受贿形式，司法机关是如何应对的呢？

图片说明：作者采访时任北京市人民检察院政治部主任张幸民

**【采访 时任北京市人民检察院政治部主任　张幸民】**

如果有足够的证据，都能归到"以其他交易形式非法收受请托人财物的"这一条里，无论行贿受贿的外在形式如何隐蔽，都逃脱不了违法犯罪的铁的事实。

# 北京检察的"铁军"之歌

## ——北京市人民检察院铁检分院惩治和 预防职务犯罪工作访谈录

**总撰稿　陈复军**

**采　访　陈复军　顾　亦　肖　方　于　然**

**【解说】**

中国古代神话中有个执法公正的化身——独角兽獬豸（xiè zhì）。它拥有很高的智慧，懂人言、知人性。它怒目圆睁，能辨是非曲直，能识善恶忠奸，发现奸邪的官员，就用角把他触倒，然后吃下肚子。当人们发生冲突或纠纷的时候，独角兽能用角指向无理的一方，甚至会将罪该万死的人用角抵死，令犯法者不寒而栗。独角兽的传说，凝聚了黎民百姓千百年来对公平正义的渴望和期盼。如今，"强化法律监督，维护公平正义"，则是时代赋予人民检察官的神圣使命。

**【解说】**

在首都检察系统，有一支认真履行铁路专门检察职责，把维护首都铁路安全稳定作为首要任务的特殊队伍。这支队伍，伴随着共和国法治成长的坚实步伐，走过了70年的风雨历程。几代铁检人，励精图治、改革创新、不断探索，为服务首都铁路发展和社会和谐稳定，谱写了一曲又一曲"强化法律监督、维护公平正义"的铁检之歌。

【解说】

有人说，这是首都检察系统一支"铁军"。她的成长与发展，始终与"铁路"和"检察"两个关键词一脉相承，息息相通；她的品格和特性，始终与"公平"和"正义"两个主题词相伴而生，紧密相连。

【解说】

北京市人民检察院北京铁路运输分院，隶属于北京市人民检察院。内设政治部、纪检组、反贪污贿赂局、反渎职侵权局、公诉处、侦查监督处、监所检察处、控告申诉检察处、民事行政检察处、办公室、法律政策研究室、检察技术处、法警支队等部门，下辖北京铁路运输检察院、天津铁路运输检察院、石家庄铁路运输检察院三个基层院。案件管辖地域范围跨北京市16个区（县）、河北省4市12县及天津市、山西省各一区一县，空间跨度为380公里和226公里，辖区内铁路线总长4296.7公里，五等以上车站217个，是我国铁路检察系统的窗口单位。

【解说】

1953年10月天津铁路沿线专门检察署、1954年3月北京铁路沿线专门检察署的相继成立，标志着首都铁路检察系统的正式诞生。

伴随着改革开放和社会主义法制建设的步伐，1981 年 1 月全国铁路运输检察院北京分院正式筹备，并于 1982 年 5 月 1 日起开始办案。从此，北京铁路检察系统的发展史掀开了新的一页。

**【解说】**

伴随着共和国法治成长的坚实步伐，北京铁检分院走过了 60 年的风雨历程。2012 年 3 月 22 日，按照中央司法体制和工作机制改革的总体部署要求，北京铁路运输检察分院、北京铁路运输检察院正式移交给北京市人民检察院属地管理。截至 6 月 15 日，北京铁检分院、铁检北京院、铁检天津院、铁检石家庄院相继签字移交，实行了属地化管理。

# 一、“打铁还需自身硬”

**【解说】**

“打铁还需自身硬”。改制之后的分院对领导班子成员进行了调整和配备，组成了文化程度高、年龄结构合理的新一届领导班子，着力采取多项措施，改变原有企业化管理模式，将北京铁检系统迅速融入到全市检察机关的管理模式中，全面推进铁检基础建设，为检察业务推进奠定扎实基础。

【解说】

着力加强党组建设，深入开展党的群众路线教育实践活动。在做好规定动作的同时，创新提出"4＋3"查摆整改模式，认真查找"四风"方面的突出问题，着力解决"思想作风、工作作风和纪律作风"诟病，确保教育实践活动落到实处；创新"三结合"学习法，即自主学习与集中学习相结合、示范教育和警示教育相对照、理论学习和实地观摩相促进的方法，保证学习到位。群众路线教育实践系列活动的有效开展，提升了铁检分院领导班子成员的思想作风、工作作风和综合素能，增强了领导班子的议事能力、决策能力和引领作用。

【解说】

着力推动各项机制建设，迅速提升铁检机关管理水平。废旧立新，分院制定全院各项工作管理制度，各部门制定本部门业务及管理制度，先后下发各基层院。凝散沙为塔，聚人气同心，使干警从不必习惯到自觉遵守，从被动执行到积极工作，努力打造首都检察队伍中"敢打硬仗，能打赢仗"的铁检队伍。

【解说】

着力完善铁检人才培养计划，全面优化铁检队伍素质。为进一步提升检察干警的学历层次，构建逐级选拔、梯次配备、布局合理的检察队伍格局，两级四院逐步完成了干部选拔选任工作。同时，面向社会招录了12名法律应届毕业生，为沉寂多年的铁检队伍注入了新鲜血液，极大程度降低了铁检机关干警的年龄结构，提高了队伍的学历层次，同时，于无声中引进了竞争机制。铁检队伍，蓬勃向上！

**【解说】**

着力打造检察文化氛围，全方位提升铁检队伍职业内涵。把"法、忠、廉、公、正"五个层面内容融于楼宇文化中，引导干警从业操守于日常无声中。进行读书问卷活动，倡导树立终身学习理念；开展"以莲喻检"摄影比赛，强化廉政文化意识；多版块重建《京铁检察》刊物，鼓励干警撰文投稿，提升专业调研能力和文化品位。通过各种检察文化活动的开展，进一步增强了全体铁检干警的认同感、归属感、责任感和使命感。

# 二、标本兼治　惩防并举

**【解说】**

北京铁检分院在北京市人民检察院党组的正确领导下，紧密联系党的群众路线教育实践活动，坚持以"执法办案规范化、队伍管理制度化、日常工作精细化、人文环境和谐化"为目标，增强自身活力，各项检察工作呈现出良好的发展态势。

**【解说】**

加大打击涉铁职务犯罪力度，是摆在铁检工作面前的首要任务。近年来，北京铁路检察机关查办的职务犯罪案件，主要是铁路工程建设、运输管理、房产开发、物资采购等环节和铁路"六管"人员的职务犯罪，以及铁路企业重组改制、站段生产力布局调整和经营活动中发生的贪污、挪用公款、私分国有资产等案件。

【解说】

2009年至2013年10月，北京铁检机关两级四院反贪部门共受理案件线索145件，初查142件，立案侦查35件，其中贪污案件11件，受贿案件13件，挪用公款案件6件，行贿案件3件，私分国有资产案件1件，巨额财产来源不明案件1件，单位行贿案件1件。其中大要案25件，不予立案91件，侦查终结并移送审查起诉29件，法院做出有罪判决24人，为国家挽回经济损失1740万元，协查案件线索297件。

【解说】

充分发挥北京铁检机关两级院的侦查一体化机制，加大打击侵害民生民利的渎职侵权犯罪案件。2009年至2013年10月，北京铁检机关共受理渎职侵权线索19件24人，其中立案4件4人，全部做了有罪判决。其中3件滥用职权案件，1件徇私枉法案件。其中，2012年成立的专案组，查办了铁路某派出所领导滥用职权骗取拆迁款的串案和北京市人民检察院交办的地方拆迁办主任玩忽职守、贪污案件。

# 三、办好铁检第一案

**【解说】**

2012 年 11 月，初冬时节。

北京西翠之旅连锁宾馆院子的大会议室里，坐满了北京铁路运输检察院 20 多名检察官，北京铁路检察院反渎职侵权局局长高鹤一边操作 PPT 播放，一边说。

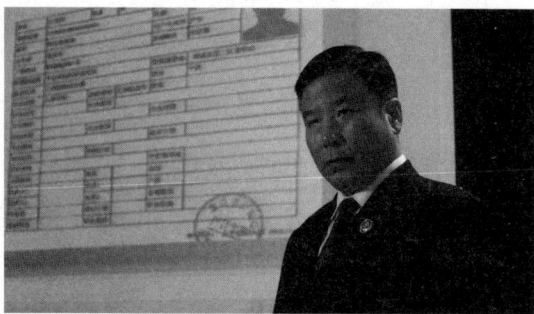

图片说明：北京铁路运输检察院反渎职侵权局
局长高鹤接受采访

**【同期声 北京铁路运输检察院反渎职侵权局局长　高　鹤】**

"今年 6 月份，分院转来一封举报信，举报黄村铁路派出所主要领导，有很多违法违纪，我们已秘密查证了 3 个月。

**【解说】**

北京铁路运输检察院反渎职侵权局检察员秦德富驾驶面包车，与高鹤两人来到黄村铁路立交桥，桥上高铁列车风驰电掣般通过。两人停步在京南建设公司门前。

**【同期声 北京铁路运输检察院反渎职侵权局局长　高　鹤】**

京沪高铁是国家重点过程，举世瞩目，2010 年年底京沪高铁即将开通，这座立交工程要在开通前完成，工程需要拆除北京铁路公安处黄村铁路公安派出所办公房。工程就由这家公司承建。

**【同期声 北京铁路运输检察院反渎职侵权局局长　高　鹤】**

我们调集了这个公司涉铁拆迁的部分档案，在一堆材料中发现了一份拆迁补偿协议和一份北京铁路局土地房产处会议纪要拆迁补偿协议的甲乙双方分别是北京铁路公安处黄村铁路公安派出所和北京兴振顺达投资管理有限责任公司。2010 年 5 月 24 日北京兴振顺达投资管理有限责任公司开出了 150 万元的支票，支票存根显示收款人北京铁路公安处。黄村铁路公安派出所出具的收据，拿走支票的人签名为雍建国。经查，北京兴振顺达投资管理有限责任公司与这个京南建设公司，是两块牌子一套人马。

**【同期声 北京铁路运输检察院反贪局　张　杨】**

咱们是老铁路了，铁路系统的房产所有权是铁路局，黄村铁路公安派出所的房产，由北京铁路局房建处管理。

**【同期声 北京铁路运输检察院　秦德福】**

会议纪要显示黄村铁路公安派出所的异地还建，已由北京铁路局与北京兴振顺达投资管理有限责任公司达成共识，跟派出所没有任何关系。

**【同期声 北京铁路运输检察院反渎职侵权局局长、"1120 专案组"副组长　高　鹤】**

现有证据表明，派出所领导涉嫌滥用职权了。我们马上汇报检察长，请求初查。

字幕

# 三个月前

**【同期声 北京铁路运输检察院检察长　孙晓刚】**

高鹤、德富，这个线索查起来有一定困难，涉及铁路公安的派出所所长主体特殊，有一定的反侦查意识，你们要注意两点：一要秘密初查；二要精细化取证。不要着急立案，前期就要取得主要证据，轻易不要接触被举报人，一旦接触，不能让他再走了。

**【同期声 北京铁路运输检察院反渎职侵权局局长　高　鹤】**

好，我们一定严格保密，精细初查。

图片说明：北京铁路运输检察院
检察长孙晓刚接受采访

**【同期声 北京铁路运输检察院检察长　孙晓刚】**

现在，院里仅限我们几个知道，初查进度直接向我汇报。你们人手不够，先让反贪局的张杨过来加强你们。

**【同期声 北京铁路运输检察院反渎职侵权局局长　高　鹤】**

我们对嫌疑人初步了解，王保安参加公安工作近30年，侦查、预审、派出所都干过，在北京铁路局和公安系统人脉广泛，反侦查能力强，初查的每个细节，我们都不能轻举妄动。

**【解说】**

在地方档案馆，北京铁路运输检察院反贪局检察员尚杰、王丽珠两人身着便装，拿着介绍信，通过调取婚姻档案，了解了嫌疑人配偶情况。通过地方派出所调取嫌疑人配偶户籍情况，发现嫌疑人配偶是北京市公安局户籍中心的处级领导，嫌疑人社会关系复杂，给侦查带来了困难。

**【同期声 北京铁路运输检察院反渎职侵权局局长　高　鹤】**

150万元的支票存根显示，黄村铁路派出所出具了收据。拿走支票的人签名为雍建国。雍建国是谁？这150万元究竟去哪了？我们查明，5月24日工商银行开出转账支票，5月27日，150万元转入建设银行劲松支行，收款人是北京盖尔科技发展有限公司。按照检察长精细初查的要求，我们没有惊动北京盖尔科技发展有限公司，先去工商局调取这个公司的资料，资料显示公司的实际控制人，叫王宝和，根据这个名字，我们想到和王宝安应该有什么关系，不能找王宝和核实，我们继续到地方派出所调取他们的户籍资料。

我们从户籍资料上比对，王宝和，跟黄村铁路公安派出所所长王宝安，应该有亲属关系，150万元拆迁款，没进派出所账户，等于这钱进了他们家里人开的公司账上。所以，我们也不能去盖尔公司查证。

**【同期声 北京铁路运输检察院反渎职侵权局局长　高　鹤】**

盖尔科技发展有限公司银行账单，2010 年 5 月 27 日进账 150 万元，之后现金不断提出，直到 2011 年 3 月 16 日提出 5 万元后，账面余额 19 万余元，10 个月期间提出 131 万元。

盖尔公司这个账户，专门存这 150 万元，银行对账单显示支票支出 7 笔，现金支出 12 笔，我们首先对支票支出的情况进行调查，其中有 1 张去了一家烟酒店。

实地一查，这烟酒店就在黄村铁路派出所斜对面，没法知道它跟派出所的关系，我们一调查，没准烟酒店和派出所就通了，没法查。

我们当时想的就是，哪里离他的业务远，离他单位远，我们先上哪去查。有一张支票去了嘉诚天赋汽车销售公司，我们觉得这个跟他的公安业务肯定比较远，我们就去嘉诚天赋公司，一查是买车了，车辆所有人登记为王宝安。

我们证据齐全，证明这辆汉兰达轿车，现在被嫌疑人王宝安占有，嫌疑人犯罪的尾巴露出来了。

**【解说】**

高鹤、张杨他们带着这张支票去了千里马红木家具店，通过工商局调取千里马红木家具店的资料，找到他的经营摊位。他那个摊位早改成酒店了，上哪找呢？张杨翻出工商资料，看到上面的手机号码，顺藤木瓜，找到了家具厂家。

**【同期声 北京铁路运输检察院反渎职侵权局局长　高　鹤】**

盖尔公司有一张15万元的支票，去了太和木作，买了两套红木龙椅，我们从那里查到了销售资料，还有送货工人的电话号码。孙检要求我们精细化初查，就指取证上来讲，要能够穷尽，我们用三天时间找到了这位送货工人。

**【同期声 北京铁路运输检察院反渎职侵权局局长　高　鹤】**

工人只记得椅子送到了酷车小镇，然后我们开着自己的私车，就到酷车小镇了。

**【同期声 北京铁路运输检察院反渎职侵权局局长　高　鹤】**

盖尔找到了！我们俩进入公司，一人假借咨询吸引工作人员，一人拿手机把执照什么都给拍下来了，回来再查他呀。

购买红木龙椅销售合同上签名的是雍先生，我们发现这个雍先生跟那个150万元支票收据上签名的雍建国，字迹很像，我们又不敢公开调查，只能猜测，这个雍建国是何方人士？他深涉此案，可能是王宝安弟弟王宝和公司的人，也可能是派出所的人，他有可能涉嫌犯罪，今后要对他重点关注。

**【同期声 北京铁路运输检察院反渎职侵权局局长　高　鹤】**

2010年3月8日到3月24日，16天时间，150万元被提取现金52万元，我们对这笔钱去向有怀疑，银行给我们提供流水单，证明客户已经提现，但我们不相信，继续追问该银行有没有王宝和的个人账户，经调取王宝和个人账户的流水单对比，我们发现所谓提现的同一时间，王宝和个人账户有相同数量的进账。经过对出账和入账流水单对比，52万现金实际没有出柜台，就已经转入王宝和的个人账户。如果不是精细初查，这样的提现很容易被忽略，错过取证时机。

**【同期声 北京铁路运输检察院反渎职侵权局局长　高　鹤】**

27 日进账的 150 万元，不断提出，现在账面余额只有 19 万多元。我们经过 3 个月的精细初查，对于本案能取的证据，已经全部到手，只剩下言词证据，比如京南建设公司转账 150 万元，它的老总跟会计的言词证据，还有盖尔公司的王宝和、雍建国，现在还不能找他们取证。

**【同期声 北京铁路运输检察院检察长　孙晓刚】**

刚才高鹤汇报了，我同意进入立案程序。这是我们建院以来，首例渎职侵权大要案。此案应以专案模式办理，成立"1120 专案组"，亚林副检察长任组长，高鹤局长、桑寿峰局长任副组长；反贪局 12 名成员全部上案子；全院上下要全力以赴支持你们办案，我们不但要精细初查，还要精细指挥，精细组织，精细动作，做到万无一失！

这个王所长关系网很厚，一动他，少不了有人说情，你们一律都往我身上推，事情到了我这，不再下传，你们只管办案。

**【同期声 北京铁路运输检察院副检察长、"1120 专案组"组长　张亚林】**

我们在这家宾馆，建立"1120 专案"办案点，全封闭工作一个星期，任务就是熟悉案情，评估风险，制定预案，完善细节，出手必胜！

**【同期声 北京铁路运输检察院反渎职侵权局局长、"1120 专案组"副组长　高　鹤】**

明天正式行动，下边我把各组的人员、车辆、任务，具体说一下。

**【同期声 北京铁路运输检察院副检察长、"1120 专案组"组长　张亚林】**

明天行动，我是总指挥，指挥中心就设在我的办公室，我们多组行动，要文明执法，听从调动，注意安全，不但保证自己安全，也要保证嫌疑人安全。行动之前，注意保密，今天晚上大伙都不要回家了。

**【同期声 北京铁路运输检察院反渎职侵权局局长、"1120 专案组"副组长　高　鹤】**

北京铁路公安处，是黄村铁路派出所的上级领导，必须向他们通报我们传唤王宝安，通报早了怕泄密，晚了怕耽误他们对派出所的工作安排，影响京沪高铁治安是大事，不能出纰漏。我的短信一发，各组接到信息，马上按计划行动。

**【解说】**

在王府井大街北京铁路公安处门前，张亚林、张健、张春波等人在等候。张亚林的手机响起高鹤发来的短信信号。他笑着看看另外两位，向院里走去。

马路边，北京铁检分院反渎局局长张海英驾车，副驾位坐史向明，后排坐高鹤及嫌疑人，画外音手机铃声响起，嫌疑人取出手机，高鹤马上抬手拿过他的手机。

**【同期声 北京铁路运输检察院反渎职侵权局局长、"1120 专案组"副组长　高　鹤】**

当时我看了一眼，来电人是铁路公安处一位领导。没想到这么快，就有人给王宝安打来电话，可能要核实情况吧？

**【同期声 北京铁路运输检察院反渎职侵权局局长、"1120 专案组"副组长　高　鹤】**

在派出所传唤王宝安时候，派出所的政委也在场，我问他您贵姓，没想到他说姓雍，我心里一惊，我马上问你怎么称呼，他说叫雍建国。50 万元拆迁费收据上签名的是雍建国，那套红木龙椅签名的是雍先生，现在王宝安也供述，取得和支配这 150 万元，雍建国完全知情并参与。我认为，雍建国已经涉嫌犯罪。

**【同期声 北京铁路运输检察院副检察长、"1120 专案组"组长　张亚林】**

桑局长，黄村派出所政委雍建国，已经涉案，你马上去派出所传唤雍建国！

办案人员在雍建国办公室的门后，搜查到现金 30 多万元。

**【同期声 北京铁路运输检察院反渎职侵权局局长、"1120 专案组"副组长　高　鹤】**

由于我们取证确凿、精细，再者我们人性化办案，所以两名嫌疑人在侦查终结之前，自始至终，供述稳定，认罪态度较好。

**【解说】**

2014 年 3 月，北京铁路运输中级人民法院一审判处王宝安有期徒刑十年、判处雍建国有期徒刑七年。2014 年 8 月，北京市高级人民法院二审维持原判。

至此，北京铁路检察系统划归地方之后，组织查办的"北京铁检第一案"尘埃落定，大获全胜。

# 四、注重预防　保驾护航

**【解说】**

近年来，随着国家基础设施建设步伐的加快和铁路建设的提速，铁路工程质量、工程安全、建设资金安全等问题已经成为社会关注的焦点问题，惩治和预防领导干部和公职人员职务犯罪工作，也面临着新的机遇与挑战。

**【解说】**

深化具有铁检特色的职务犯罪预防工作，以"工程优质、干部优秀、资金安全"为目标，强化专项预防。启动了全国铁检系统第一家"阳光工程检察室"——该院"驻石济铁路客运专线公司检察联络室"。创新开展法制宣传"四进一巡访"活动。预防宣传进基层、进站段、进社区，法制课进铁路党校课程表。结合查办职务犯罪案件情况，对辖区内铁路基层单位在年内进行一遍走访，倾听法律需求，座谈制度和管理建设，提供法律服务。同时运用案例分析、预防调研、检察建议、预防咨询、法制宣传、行贿犯罪档案查询等手段，做到"办理一个案件，教育一批干部，净化一个行业"。

**【解说】**

2012 年 3 月 22 日，北京铁路运输检察分院、北京铁路运输检察院正式移交给北京市检察院属地管理，这次北京铁路司法系统向普通司法系统回归，既体现了社会主义法治的文明与进步，也为司法公正提供了体制上、制度上的有力保障。

【解说】

北京市人民检察院北京铁路运输分院新一届领导班子，带领分院和北京、天津、石家庄三个基层铁路检察院全体检察干警，坚持预防工作和党的群众路线教育实践活动相结合，以专项预防为重点，以机制创新为保障，以"平安工程"、"阳光工程"建设为突破口，以"四进一巡"为抓手，为首都和谐和铁路发展做出了不懈的努力。

图片说明：北京市人民检察院北京铁路运输
分院检察长张家贞接受采访

【采访 北京市人民检察院北京铁路运输分院检察长　张家贞】

2009 年以来，北京铁检系统十分重视职务犯罪预防工作，确定铁路系统工程建设领域为预防工作的重点，以"工程优质、干部优秀、资金安全"为目标，通过检察机关侦防一体化工作机制的建立，运用案例分析、预防调研、检察建议、预防咨询、法制宣传、行贿犯罪档案查询等手段，强化了北京铁路系统干部职工"廉洁意识、法制意识"，取得了良好的社会效果。

**【解说】**

2010年，北京铁检分院以铁检厅"专项行动"为契机，围绕铁路重点建设项目，积极发挥检察预防职能，创新完善职务犯罪预防机制，在路局党委的支持下，在全局范围内开展了重点工程建设领域"平安工程"活动。路局党委高度重视，下发了《关于加强铁路工程建设中党风廉政建设的意见》和《关于在铁路建设工程中开展"平安工程"活动的意见》，使检察预防工作成为建管单位年终考核项目，强化了干部职工廉洁自律的预防意识。

**【解说】**

北京铁检分院多次联合北京铁路局纪检、监察和建设处等部门进行专项调研，请建设部门有关专业人员讲解北京局管辖内的重点工程建设项目、工程建设中的关键环节、关键岗位等情况，同时充分与专家交流，广泛征求意见，对工程建筑专业知识进行学习，对局管内重点工程预防工作进行梳理。预防部门在掌握大量调研数据和案例的基础上，总结出工程质量安全管理领域9个职务犯罪风险环节，52个职务犯罪风险点，并有针对性地提出了41条预防对策。

图片说明：北京市人民检察院北京铁路运输
分院副检察长雷晓森接受采访

## 【采访 北京市人民检察院北京铁路运输分院副检察长雷晓森】

2011 年以来，我们确定以铁路工程建设领域"物资采购环节"为专项预防工作的重点。北京分院党组高度重视工程建设专项预防工作，要求责任到人，层层推进。制定了开展工程建设专项预防工作的推进计划，统筹安排、周密部署，两级四院齐动手，共创新，齐心协力做好工程领域职务犯罪查办和预防职务犯罪工作。分院组织两级院预防负责人深入大型工程建设项目指挥部，召开座谈会，听取工程建设部门和纪检监察部门的意见，获取物资采购方面信息。先后与京津城际、天津津保等项目指挥部有关人员召开座谈会，取得有关工程物资采购一手资料；与北京京铁房地产开发有限公司座谈，获取路局职工建房有关信息；与北京区县检察院横向联合，相互交流借鉴，组成大兴院、密云院、怀柔院、石景山院参加的物资采购环节工作小组，共同调研，相互促进。预防人员通过深入调查研究，分析铁路物资采购过程中可能产生职务犯罪的环节，查找风险点 31 个，提出 4 大项预防对策和建议。同时通过专项报告、检察建议等多种手段，帮助和协助相关部门完善规章制度，制定防控措施，为铁路工程建设职务犯罪预防工作打下坚实的基础。

**【解说】**

"石济铁路客运专线工程"，国家批复投资 424.61 万元，2013 年下达计划 24.68 万元，跨经河北、山东两省，全长 319 公里，系大型铁路建设项目。

2013 年 8 月，最高人民检察院铁路运输检察厅批准北京铁检分院挂牌督导石济铁路客专工程预防职务犯罪工作。10 月 28 日，北京铁检分院与石济铁路客运专线有限公司联手开展的预防职务犯罪"阳光工程"正式启动。同时，该院"驻石济铁路客运专线公司检察联络室"也正式挂牌成立。检察联络室的成立，将为重点工程项目"专项预防"工作提供人员、机制、制度、监督等方面的有力保障，也是北京铁检分院"专项预防"工作的一次创新和尝试。

**【采访 北京市人民检察院北京铁路运输分院检察长　张家贞】**

我院将派 1 名至 2 名工作人员，每周到联络室现场办公，并在建设工程全过程实施"同步预防"，重点对招标投标、征地拆迁、重大物资设备采购、资金拨付使用、工程监理、工程验收等关键环节加强监督，对可能出现职务犯罪行为的环节实施重点预防，提出检察建议，签订《预防职务犯罪责任书》，建立健全干部廉洁档案，及时为工程建设单位提供相关法律咨询、法务支持，检企携手，共筑企业干部职工预防职务犯罪网络，共建“平安工程”、“阳光工程”。

**【解说】**

根据最高检 2013 年预防职务犯罪工作指导精神，结合北京市检院预防职务犯罪工作的总体要求，北京铁检分院正式启动 2013 年北京铁路系统预防职务犯罪“四进一巡访”系列活动。

图片说明：北京市人民检察院北京铁路运输
分院反渎局局长张海英接受采访

**【采访 北京市人民检察院北京铁路运输分院反渎局局长
张海英】**

“四进”即预防宣传进基层、进站段、进社区，法制课进铁路党校课程表。“一巡访”是结合查办职务犯罪案件情况，对辖区内铁路基层单位在年内进行一遍走访，倾听法律需求，座谈制度和管理建设，提供法律服务。该系列活动目的是宣传检察职能、预防职务犯罪并发现职务犯罪案件线索；受众对象包括铁路工程建设、车务、机务、票务等重点领域的重点单位或部门的干部，我们根据不同领域制作了相应的讲稿。雷晓森副检察长给在党校培训的"北京局副处级领导干部学习十八大精神专题培训班"的近百名学员，上了一堂题为《预防职务犯罪，共建一片蓝天——国企篇》的法制课，受到学员们一致好评。

**【解说】**

"四进一巡访"系列活动，切实有效地把检察预防工作的触角延伸到北京铁路系统的基层单位，把职务犯罪预防的脚步迈向了基层干部群众。北京铁检分院反渎局局长张海英，为铁道部工程质量安全监督总站北京监督站全体干部，上了一堂题为《重视监管远离渎职——谈重大责任事故背后的渎职犯罪及预防》的法制课。铁检北京院则召开了北京部分铁路站段纪委书记座谈会，研究探讨了党风廉政建设和职务犯罪预防制度建设的相关问题。铁检天津院深入唐山机务段、天津供电段和沧州车务段等重点站段，开展了"送法律，走基层，进站段"活动。铁检石家庄院深入衡水工务段，与段干部群众研究探讨了建立惩治腐败体系、开展预防职务犯罪工作的具体措施。

**【解说】**

关注重点领域，抓住关键环节；启动"阳光工程"，强化专项预防；开展"四进一巡"，加强有效监督。扎实有效的工作，切实可行的措施，使得北京铁检系统职务犯罪预防工作开展得有声有色，有条不紊。

**【解说】**

新的形势，新的挑战。北京铁路检察分院，始终坚持"标本兼治、综合治理、惩防并举、注重预防"的方针，以铁路建设"阳光工程"为重点，以预防工作"四进一巡"为抓手，为北京4200多公里铁路线的"工程优质、干部优秀、资金安全"尽职尽责、保驾护航。

# 五、强化监督　执法为民

**【解说】**

人民利益至上，宪法法律至上，践行社会主义法制理念和政法干警核心价值观，关注民生，保障民生，依法履职，铁检察人时刻牢记着：我们是人民的检察官！

**【解说】**

平等地对待每一个公民，公正地处理每一起案件，是检察官办案的信念和良知。铁路检察院的公诉、侦查监督、控告申诉、监所检察、案管中心等部门的检察官为此付出了艰辛和努力。

**【解说】**

为认真落实"两高"严防冤假错案有关规定，铁检分院相关部门开展了进一步规范执法行为的系列活动。

一是规范侦查取证行为。加强对职务犯罪案件提前介入侦查引导捕前取证工作，加强侦、捕、诉监督配合，加强同步录音录像工作，制定相关制度予以规范。

二是正确把握审查逮捕条件。结合工作实际制定《规范审查逮捕案件卷宗材料暂行规定》和《羁押必要性审查实施办法（试行）》，加强对适用逮捕强制措施的审查；坚持100%提讯制度，注重听取犯罪嫌疑人辩解和律师意见；正确把握入罪标准和政策界限。

三是依法全面准确指控犯罪。公、检、法三方每季度通报办案情况，通过建立联席会议制度的机制，形成《办理刑事案件适用法律若干问题的会议纪要》，受邀公安局刑事案件执法业务培训班进行授课，就移送批捕、起诉案件中存在的问题与侦查人员进行面对面的讨论，统一执法标准。

四是强化刑罚执行监督。两级院监所部门在看守所宣讲法制课，召开工作推进会；天津院就公安机关违反《看守所医疗机构设置基本标准》规定发出检察建议；北京院协助北京铁路看守所落实了专业医院入所医疗工作；天津和北京院根据羁押必要性评估，建议看守所是否对在押人员改变强制措施。

五是健全完善案管工作。通过对办案期限预警提示、流程监控、法律文书统一监管等措施，切实防止违法办案和超期羁押。

【解说】

立案监督把具有铁路特点的站车交接案件作为立案监督的重点，将监督工作深化到"一队一所"。通过建立监督工作机制，会签工作意见，全面开展对铁路公安一线刑事执法活动的监督，将综合法制宣传发展到列车上，乘客中。同时，审判监督取得了新成绩，推广了天津院《对法院判决、裁定实行"3＋1"多视角全面审查具体办法》；刑罚执行监督和民事审判监督取得了新突破；分院公诉处被评为"北京市未成年人保护工作先进集体"；案管工作规范化建设和行刑衔接工作取得了成效；铁检系统诉讼监督工作机制逐步得以全面完善。

**【解说】**

创新开展未成年人检察工作，打造预防未成年人犯罪工作品牌。未检部门在健全机制的基础上，继续坚持以进站、上车的方式，开展"与青春一路同行——预防未成年人刑事犯罪"法制宣传活动。两级院在北京、天津、河北三地统一举办了以"综治人人参与，平安人人共享"和"人人维护未成年人合法权益，人人预防未成年人刑事犯罪"为主要内容的《维护铁路站车治安秩序，推进平安铁路建设》主题宣传活动，《检察日报》、《法制晚报》对此活动进行了报道。

**【解说】**

铁检人深知：公平正义是我们的职责所在，人民利益高于一切，法治责任重于泰山，"不分贵贱，只分黑白"是我们的天职！

# 尾声：正义使命　忠诚坚守

**【解说】**

权力是把"双刃剑"。"强化法律监督，维护公平正义"是检察机关的重要使命，而"严格执法规范"，则是检察机关正确行使职权的重要保障。只有规范执法行为，才能保障严格执法、公正司法，进而推动全民守法、树立法治权威，营造公平正义的法治环境，让权力在阳光下运行。

**【解说】**

近年来，北京铁检分院开门办检，通过开展检察开放日、涉检缠访情况通报会、党的群众路线教育实践活动暨贯彻实施刑事诉讼法工作座谈会、反扒窃和预防未成年人刑事犯罪法制宣传现场会、党的群众路线教育实践活动知识竞赛等活动，主动接受人大法定监督、政协民主监督和社会各界监督，改进检察工作，同时，让社会各界更深层次地了解北京铁检机关的职能情况和工作情况，扩大铁检机关的社会影响，取得了良好的社会效果和法律效果。

**【解说】**

面临新形势的北京铁检分院，将进一步深入学习贯彻党的十八大、十八届三中全会及市委十一届三次会议精神，带领北京、天津、石家庄三个基层铁检院全体检察干警，坚持检察工作和党的群众路线教育实践活动相结合，立足铁检特色，以"自信、开放、融合、创新"为目标（院训），以强化自身建设为落脚点，以惩治和预防职务犯罪为重点，以创新和完善检察工作机制为保障，以检察执法规范建设为突破口，以推进"两法一规则"贯彻实施为抓手，不断提升铁检工作的影响力，为"平安北京、法治交通"做出应有的贡献和不懈的努力。

# 后　记

2010 年的 5 月，应浙江省人民检察院预防处副处长王建国的邀请，我带中国检察出版社音像中心摄制组来到杭州这个美丽的城市，采访浙江省检察机关职务犯罪预防工作的十年巡礼，拍摄一部题为《阳光浙江》的专题片。

飞机从北京到杭州，大约需要 2 小时 10 分钟，八点的航班，晚点一个小时，上午 11 点多才到杭州萧山国际机场。一下飞机，迎接我们的是浙江省人民检察院的检察官阿联，他说第一站就拍杭州萧山机场二期工程的同步预防工作。于是我们摄制组一行四人推着摄像机直奔萧山机场二期工程施工现场。由于萧山机场方面准备很充分，忙碌而顺利，很快采访拍摄完毕，中午就转移到萧山的浙江省法治教育基地去拍摄。此后的几天，我们从杭州到绍兴、从绍兴到慈溪，辗转浙江各地，采访了浙江省检察院检察长陈云龙、分管反贪工作的副检察长刘建国、分管预防工作的副检察长何永星；采访了杭州市人民检察院检察长吴春莲、绍兴市人民检察院胡东林、慈溪市检察院检察长陈贺评；尤其让人感动的是，根据采访大纲的设计，我们要采访时任浙江省委常委、浙江省人民政府副省长葛慧君、浙江省人大副主任刘奇，经和他们的秘书联系，两位省领导爽快地答应了我们的采访。一个省级检察院，十年的预防工作，多人的现场采访，众多的工作头绪，这个大型专题片的解说词怎么写？这让王建国处长和我都很费踌躇，我是边采访边琢磨。

　　阿联是浙江省院预防处的一名检察官，他在陪我们拍摄的闲暇时间，津津有味地给我们聊他的故乡，聊他的小时候，聊她妈妈养蚕的故事，阿联的故事给了我不少灵感，我似乎感到浙江这片土壤里的故事正在解读着这里发生的奇迹。江南好养蚕，阿联的妈妈就是一个养蚕高手。养蚕的过程就是一个细腻生动的纪录片，里面蕴含的就是文化的密码。她一个平凡的农村妇女，用自己没日没夜的勤劳，善待着她的蚕宝宝，收获着自己的希望，用买蚕茧的钱供养阿联兄弟姊妹几个读书成家。阿联说起养蚕的事情，充满着感情，仿佛养蚕就是他孩童时代的全部。早上，戴着晨曦和露水，兄妹们就和妈妈一起到地里采桑叶；蚕宝宝金贵，要吃新鲜的桑叶，早上采集的桑叶带露水，蚕宝宝喜欢。上午去采，下午还要去采，要采够蚕宝宝一个晚上吃的才行。睡觉前，把桑叶均匀地铺满蚕宝宝睡觉的大竹簸箩里，放在蚕宝宝身上，让它们很容易就吃得到。夜深人静的时候，是小孩子蒙着眼起来撒尿的时候，睡眼朦胧中，看到的就是妈妈给蚕宝宝放桑叶的场面，在阿联的记忆里，妈妈的形象就是给蚕宝宝喂桑叶的镜头。江南好养蚕，已有四千多年的历史。蚕在南方是一种有灵性的小生命，江南桑农亲切的称之为

"蚕花娘娘"、"蚕宝宝",蚕的一生短短40余天,要完成五个重要的过程:蚕卵、蚁蚕、熟蚕、蚕茧、蚕蛾,直到上山闭关。春蚕到死,吐丝方尽。阿联给我讲述的养蚕过程细腻真切,我想江南人生活在这般细腻的情境中,多少灵性被激发,多少耐心被养育,多少智慧被启迪。

阿联的故事,给了我很大的启发。浙江五千年的文明史就是这部专题片厚重的文化底蕴;中华五千年的法治文化就是这部专题片的历史积淀;浙江检察机关预防工作十年耕耘所总结出的"六条经验"就是这个专题片的灵魂所在。如何预防犯罪,中国古人就有很精辟的论段,春秋时期的《尚书·周官》篇中就有"制治于未乱,保邦于未危"的论述;唐代名臣长孙无忌在《唐律疏议》中说:"惩其未犯,防其未然";宋代司马光在《资治通鉴》中讲道:"销恶于未萌,弥祸于未形。"这些古圣先贤的论述,对我们今天的预防工作很有指导意义,这和近代法国思想家孟德斯鸠"一个良好的立法机关关心预防犯罪,多于惩罚犯罪;注意激励良好的风俗,多于施行刑罚"的论述有异曲同工之妙。于是,在反复阅读王建国处长给我提供的浙江省预防工作的经验材料的过程中,我的思绪在历史和现实的对照中反复耕耘、反复酝酿,一篇16000多字的《阳光浙江》解说词送到了陈云龙检察长等人的案头,陈检、刘检、何检审阅后一致认可,这给了我很大的鼓励和信心。经过《阳光浙江》的拍摄,"用文化解读法治,用法治营造文化"的模式,成了我们音像中心采访拍摄警示教育专题片的密码;在古今中外的文学、法学的历史积淀中寻找滋养，在检察机关预防职务犯罪工作的理论和实践中补充能量，成了我工作的思路、方法和习惯。

　　一次，在阅读学习《检察日报》一位老总编的《总编观察》一书时，其中的一篇《扁鸦治病的故事》对我启发很大，大致是说神医扁鹊治好了国君的疑难病症，国君赞其曰：子乃古今医林第一人。扁鹊答曰：吾乃医林第二人。国君曰：何为第一人？扁鹊曰：吾兄扁鸦乃第一人。国君很想知道扁鹊的哥哥扁鸦高明在何处？扁鹊答曰：先父扁公当年临终前传我兄弟二人每人一本医书，先父把《医道》这本书传给了我，我只能治已患之病；另一本《防道》，却传给了比我更聪明的扁鸦，扁鸦就能治未患之病。可是当今世人，对能治已患之病的我顶礼膜拜，对能治未患之病的扁鸦却弃之如敝屣，真是不可思议啊。故事中人们对未患之病和已患之病的不同态度，给了我很多思考。英国思想家欧文说："预防犯罪远胜于惩罚罪行。"这和中国古人的"惩前毖后，治病救人"都在讲述一个道理："预防比惩治更重要"，这也给我们的工作指明了方向：用全国检察机关惩办的典型案例警示我们的党员和领导干部，让更多的人不犯错误或少犯错误，我们工作的价值就在这里。

　　这些年来，我带领的音像中心摄制组奔走于全国各地，采访拍摄了《诱发公职人员职务犯罪的 20 个认识误区》（20集）、《贪婪者的忏悔》（15 集）、《老虎苍蝇一起打（典型案例版）》（20 集）等专题片，被中组部选定为全国党员领导干部网络学习电教教材，其中《诱发公职人员职务犯罪的 20

个认识误区》获国家新闻出版总局首届优秀廉政文化出版物奖；我们组织拍摄的普法栏目剧《雪莲》、《白山黑土》、《普通检察官》等在中央电视台社会与法频道播出，其中《雪莲》获全国普法办"全国法制题材电影电视节目"评选一等奖；组织创作的检察题材电视剧《痴情为谁》、《守望正义》、《红色通缉令》、《国家力量》、《决胜法庭》、《检察官故事》等获最高人民检察院政治部宣传部批准立项，其中《守望正义》获中宣部、国家新闻出版广电总局"中国梦重点影视剧"重点推荐剧目。在创作、拍摄这些节目的过程中，我有幸采访了全国各地许许多多的检察官，和他们成了很好的朋友，他们的办案故事、人生历程，让我思考了很多、成长了很多、进步了许多。

古人言："武官不怕死，文官不爱财，国家安定也。""治国先治吏，治民先治官。"司马光在《资治通鉴》中说："礼义廉耻，国之四维；四维不张，国之将亡。"意思是说诸侯和臣下个个寡廉鲜耻，贪得无厌，国家也就要走向灭亡。可见，当下我们检察机关惩治和预防党员领导干部职务犯罪的工作何其重要。在拍摄领导干部一起起违法犯罪案例的过程中，很是让人扼腕叹息，很多先前非常优秀的干部，因为不懂法、不守法、不敬畏法律，而身陷囹圄，后悔终身。但这些事例，也让我们深切地感受到惩治和预防职务犯罪，法律和制度建设的至关重要。这让我想起美国著名哲学家约翰·罗尔斯，他在《正义论》一书中用一个著名的"分粥的故事"来解读"用制度管人、管事"的力量。故事说有个七个人的小团体，每天要分吃一锅粥。先后用了"指定一人分粥"、"大家轮流分粥"、"选举一个大家信得过的人来分粥"、"选举一个委员会来分粥、一个委员会来监督"等办法，但都不能解决分粥中的偏袒、贪污以及效率低下等问题。最后一招是："每人轮流值日分粥，但主持分粥的人必须最后一个领粥"。令人惊奇的是，在此办法下，7只碗里的粥每次都一样多。这是因为每个值日分粥的人都意识到，如果不公平，自己无疑将享用最少的一碗。结论是："一个好的制度，简洁而高效，非常管用"。用制度规范行为、按制度办事、靠制度管人，是被实践证明了的成功经验，也是反腐倡廉的治本之策。要通过建章立制，合理调整权力关系，规范权力的运用程序，使权力运行公开透明，才能使我们的干部不能犯、不敢犯或少犯错误。可见，进一步加强党风廉政建设中的"制度"建设，是从源头上预防和治理腐败的有力保证。

　　前不久，我给检察官阿联打电话叙旧，阿联说自己的妈妈现在岁数大了，子女们也都有出息了，就请她老人家经常来城里住上一段时间，可是老人家老是住不习惯，她嫌城里狭窄，没地方养蚕宝宝，听不到蚕宝宝吃桑叶的沙沙声，她睡不好。阿联夫妻俩老是在忙自己的工作，吃饭也是简单凑合，妈妈看不过，说阿联，你好歹也是个国家干部了，家里农民吃饭每餐也都炒两个菜呢，看你们生活怎么就这么简简单单、胡乱凑合呢，过日子像养蚕，要精心细致才能结出好茧的。阿联妈妈的话，有道理。可阿联还是那么忙，生活还是那么简单。不过阿联说，想想妈妈养蚕的日子，自己做检察官的时候就想到其中的不少道理，这道理告诉自己：不去辜负自己的父老乡亲，不玷污自己的圣洁和信念，让自己的工作给更多的母亲、更多的家庭带来幸福和温馨。这，也许就是像阿联这样千千万万的普通检察官，每天忙碌着自己工作的意义所在。

2014 年 12 月 31 日，于北京香山。

**图书在版编目（CIP）数据**

和检察官面对面／陈复军著. —北京：中国检察出版社，2015.1

ISBN 978 – 7 – 5102 – 1349 – 6

Ⅰ.①和…　Ⅱ.①陈…　Ⅲ.①检察官 – 访问记 – 中国 – 现代

Ⅳ.①K825.19

中国版本图书馆 CIP 数据核字（2014）第 304127 号

## 和检察官面对面

陈复军　著

出版发行：中国检察出版社

社　　址：北京市石景山区香山南路 111 号（100144）

网　　址：中国检察出版社（www.zgjccbs.com）

编辑电话：(010)68650024

发行电话：(010)68650015　68650016　68650029

经　　销：新华书店

印　　刷：保定市中画美凯印刷有限公司

开　　本：720 mm×960 mm　16 开

印　　张：18.25 印张　　插页 8

字　　数：192 千字

版　　次：2015 年 1 月第一版　　2015 年 1 月第一次印刷

书　　号：ISBN 978 – 7 – 5102 – 1349 – 6

定　　价：50.00 元